AF389848

MAURICE DONNAY ET LUCIEN DESCAVES

OISEAUX DE PASSAGE

Pièce en cinq actes

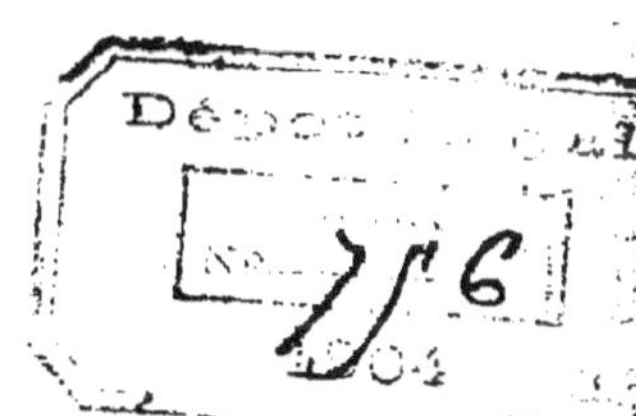

ACTE PREMIER

*Un salon de pension de famille, au bord du lac de
Genève, dans le canton de Vaud. Meubles d'acajou;
canapé, fauteuils et chaises recouverts de velours
grenat. Chaque siège est, en outre, illustré d'ouvrages
au crochet; il y en a jusque sur les bras des fauteuils. Sur un vaste guéridon, une énorme bible, des
livres et des journaux; quelques fleurs dans un vase.
Aux murs de vieilles et mauvaises gravures, entre
lesquelles brillent, sur des cartouches de piété, des
exhortations tirées de la Bible, telles que : « Donnez-
nous aujourd'hui notre pain quotidien. — Combats le
bon combat de la foi. — Si Christ est en toi, tu es
une nouvelle créature, etc. »*

*Large baie vitrée au fond, qui permet à la vue
d'embrasser le lac de Genève et la chaine des Alpes.
Porte donnant sur un perron et sur le jardin. Autre
porte à gauche, faisant communiquer le salon avec
la salle à manger.*

Scène première

Mme LAFARGE, CHARLES, GUILLAUME,
GEORGETTE, LOUISE

*Au lever du rideau, Mme Lafarge, Charles Lafarge, Guillaume,
Georgette et Louise sont en scène.*

*Mme Lafarge est inactive dans un fauteuil. Louise consulte des
cartes, un guide. Georgette ne fait rien et Guillaume, debout
sur le perron au dehors, contemple le panorama.*

CHARLES, à sa femme. — Tu es bien là?... tu ne sens
pas trop d'air? Veux-tu qu'on ferme la porte?

Mme LAFARGE. — Non, non, ne vous occupez pas de
moi... je suis très bien.

LOUISE. — Ma tante, veux-tu que je te fasse une lecture?

Mme LAFARGE. — Je te remercie, ma petite Louise,
pour le moment, je n'ai envie de rien.

Louise échange avec son oncle un regard de désolation.

CHARLES, à Guillaume qui maintenant regarde le paysage par la
baie vitrée. — Eh bien, qu'en dis-tu?

GUILLAUME. — Je dis que c'est admirable... vous êtes
vraiment très bien ici.

CHARLES. — N'est-ce pas? je te l'avais écrit.

Guillaume. — Je me méfiais : on est toujours tenté d'embellir par lettre : « A beau exagérer qui écrit de loin. » Mais vous avez eu la main heureuse : c'est la pension de famille rêvée.

Charles. — Oui, on dit que la Suisse est un immense hôtel et que l'on n'a que l'embarras du choix, mais la difficulté était précisément d'éviter les caravansérails...

Guillaume. — Dont on ne connaît jamais les détours...

Charles. — Bien qu'on y soit nourri...

Guillaume. — Et mal nourri...

Charles. — Oui, et les pensions dont la modeste apparence n'est pas toujours une garantie... tandis qu'ici les meilleures conditions sont réunies. Et puis, nous sommes tombés sur une hôtelière idéale.

Guillaume. — D'ordinaire, ce sont les hôteliers qui tombent sur vous...

Charles. — Oui. La propriétaire, Mme Dufour, est une femme excellente et sa cuisine est simple, mais sincère ; son café... remarquable.

Guillaume. — Je te dirai ça quand j'en aurai bu.

Charles. — Oui, il me semble qu'elle l'oublie. (A ce moment, Mme Dufour ouvre la porte.) Ah ! j'avais parlé trop tôt.

Scène II

Les mêmes, Mme DUFOUR.

Mme Dufour. — Ces messieurs ne s'impatientaient point ?

Charles. — Mais non, madame Dufour.

Mme Dufour. — Je suis un peu en retard : c'est à cause de mon petit-neveu... figurez-vous qu'il s'est embaumé contre la barrière d'escalier !

Guillaume. — Embaumé ?

Charles. — Mme Dufour veut dire qu'il s'est cogné contre la rampe.

Mme Lafarge. — Il s'est fait mal ?

Mme Dufour. — Je crois bien... pauvre petit, il se sentait tout moindre. (Elle verse le café.) Enfin ! vous n'aurez pas perdu pour attendre.

Charles. — Nous en sommes convaincus, madame Dufour ; j'allais dire précisément à mon frère que votre café n'a rien de commun avec l'infâme breuvage qui termine généralement, en tant d'endroits, le triste repas du voyageur. C'est le café dont la famille française a, Dieu merci, conservé la recette et le goût, un café sans soupçon de chicorée, un café... du café enfin, il n'y a pas d'autre mot.

Mme Dufour. — Si je vous disais, madame Lafarge,

que ces compliments, c'est un de vos compatriotes qui les mérite.

CHARLES. — Ah! bah! comment cela?

Mme DUFOUR. — Un soldat de votre armée... de votre armée qui trouva un refuge chez nous, vous le savez, pendant la guerre de septante...

GEORGETTE. — Soixante-dix... c'est une habitude à prendre.

Mme DUFOUR. — C'est ce brave homme qui m'a donné la recette du *fin moka*, comme il disait.

GUILLAUME. — Tout était perdu fors le café! Ah! c'est que l'armée française, même vaincue, madame Dufour, porte la civilisation partout où elle passe, et la preuve, c'est que nous prenons un café exquis...

CHARLES. — Grâce à qui?

GEORGETTE. — A Bourbaki.

Mme DUFOUR. — Ces messieurs n'ont plus besoin de rien?

CHARLES. — De rien, madame Dufour. Ah! dites-moi, le facteur n'est pas encore venu?

Mme DUFOUR. — Non, monsieur Lafarge, pas encore. Il ne passe guère avant trois heures, vous savez... quand il n'est point en retard, car il s'arrête volontiers à droite et à gauche dans les fermes pour prendre des commissions et les arroser.

Elle sort.

Scène III

LES MÊMES, moins Mme DUFOUR.

CHARLES, à son frère. — Que dis-tu de ces cigares?

Mme LAFARGE — Je dis qu'ils empoisonnent.

CHARLES. — Je parlais à Guillaume.

GUILLAUME. — Je les trouve parfaits. Je ne croyais pas qu'on en fumât de pareils en Suisse.

CHARLES. — Si, à condition de les y apporter.

LOUISE. — Où est donc mon cousin?

CHARLES, à Mme Lafarge. — Oui, où est donc ton fils?

Mme LAFARGE. — Julien? Il est descendu à Aubonne commander une voiture... nous ferons une promenade tantôt.

LOUISE. — Son café va être froid.

GEORGETTE. — Mets-le au soleil!

GUILLAUME. — A quelle hauteur sommes-nous ici?

CHARLES. — Nous sommes à trois cents mètres au-dessus du lac de Genève, qui est lui-même à cinq cents mètres au-dessus du niveau de la mer.

GUILLAUME. — Ça fait huit cents mètres, si je calcule bien... c'est encore assez haut.

GEORGETTE. — C'est haut... mais c'est triste !

CHARLES. — Tu trouves que c'est triste ici?

GEORGETTE. — Enfin, mon oncle, ça manque plutôt de distractions.

CHARLES. — Mais c'est justement l'absence de distractions qui fait le charme de cette villégiature.

GEORGETTE. — C'est un autre point de vue, mon oncle.

GUILLAUME. — Oui, et qu'il convient d'ajouter à tous ceux que l'on découvre du haut de ces huit cents mètres.

CHARLES. — Ah! mon vieux Guillaume, ta fille ne partage pas l'opinion de l'homme sage qui a dit : « La vie serait à peu près supportable s'il n'y avait pas les plaisirs. » (A Georgette.) Alors, ça ne te suffit pas d'avoir sous les yeux, à toutes les heures du jour et aux heures divines de la soirée, le merveilleux décor du lac, avec cette toile de fond, la chaîne des Alpes?

GUILLAUME, désignant la baie vitrée. — Et de ce côté, à travers les arbres, cette échappée sur Son Eminence le Mont Blanc! Plains-toi donc.

GEORGETTE. — Une échappée qui revient tout le temps. C'est justement ce dont je me plains... A la fin, c'est monotone, et j'ai assez vu l'Eminence blanche.

Mᵐᵉ LAFARGE. — Ma pauvre Georgette, devant de tels spectacles, comment oses-tu dire : J'ai assez vu? Ah! si comme moi, tu ne voyais plus!

GUILLAUME. — Elle a des yeux et elle ne voit pas!

GEORGETTE, un peu confuse. — Vous ne m'avez pas du tout comprise...

CHARLES. — Ta sœur ne s'ennuie pas, elle, n'est-ce pas, Louise?

LOUISE. — Oh! non, mon oncle, je ne m'ennuie pas.

GEORGETTE. — Je sais bien, nous n'avons pas le même caractère, Louise, elle, aime la campagne, la grande nature, elle connaît les noms de tous ces pics neigeux. Chaque matin et chaque soir, elle les nomme.

GUILLAUME. — Elle fait l'appel.

GEORGETTE. — Absolument, la dent d'Oche, la dent de Jaman, la dent Blanche, les dents du Midi. Ah! si jamais j'ai une dent contre les Alpes, elles me le rendent bien.

LOUISE. — C'est si beau! Le soir du 14 Juillet, il y avait de grands feux sur les montagnes, de grands feux rouges dans la brume. Puis la lune s'est levée, sur le lac... c'était admirable!

GEORGETTE. — Oui, tu te plais à la contemplation des fiers sommets : ton imagination a des ailes d'aigle et des pieds de chamois. Moi, je l'avoue, je suis plus terre à terre. Je me sens écrasée par ces murailles gigantesques...

LOUISE, riant. — Oh! écrasée...

GEORGETTE. — Humiliée tout au moins

CHARLES. — Je sais bien ce qui t'humilie : ce n'est pas la majesté des montagnes, mais les conditions modestes de notre pension.

GEORGETTE. — C'est vrai. On croirait que nous n'avons pas le moyen de payer davantage.

CHARLES. — Eh bien, où serait le mal? Ton père et moi ne sommes plus millionnaires.

GEORGETTE. — Séparément, non; mais à vous deux.

GUILLAUME. — Tu ne te corrigeras donc jamais, ma pauvre Georgette, de ta déplorable vanité?

CHARLES. — Mais si, elle s'en corrigera : c'est encore compris dans le prix de la pension. Regarde les exhortations qui tapissent ces murs : « Donnez-nous notre pain quotidien. — J'ai vu tes larmes et je te vais guérir. » Si ce n'est pas édifiant! Et il y en a comme cela dans toutes nos chambres!

GEORGETTE montrant un gros livre. — Et si la provision ne te suffit pas, tu peux en pêcher là-dedans tant que tu voudras.

CHARLES. — Cette vénérable Bible est en effet très poissonneuse.

GUILLAUME. — O douce simplicité, esprit pacifique, mœurs champêtres et protestantes, Bible et laitage! Heureux pays dont les habitants se contentent de leurs cascades naturelles.

Sur ces derniers mots Julien est entré.

Scène IV

LES MÊMES, JULIEN

CHARLES. — Eh bien, Julien, tu as commandé la voiture?

JULIEN. — Oui, papa; le char, comme ils disent ici, sera en bas du jardin, à quatre heures.

LOUISE. — De quel côté irons-nous?

JULIEN. — Mais j'ai dit au voiturier que nous irions du côté de Gimel.

LOUISE. — Je lisais justement dans mon guide que c'est l'endroit d'où l'on voit le mieux les masses sombres des derniers contreforts du Jura.

GEORGETTE. — Quelle chance! Donnez-nous notre excursion quotidienne.

GUILLAUME. — Et délivrez-nous des pourboires, ainsi soit-il!

LOUISE. — Dis donc, papa, tu ne sais pas ce que

nous avons projeté?

GUILLAUME. — Non.

LOUISE. — Il faut absolument que tu nous emmènes voir la Jungfrau.

GUILLAUME. — Alors, ce n'est pas un projet, c'est une décision.

LOUISE. — Oui. J'ai pioché l'itinéraire. Nous allons en chemin de fer par Lausanne, Fribourg, Berne, jusqu'à Thoune. Nous traversons le lac en bateau et nous descendons à Interlaken. Là, nous sommes au cœur même de l'Oberland... D'Interlaken, nous pouvons aller en voiture jusqu'à Lauterbrünnen. De là, par exemple, il faut aller à pied. Nous montons jusqu'à la petite Scheidegg.

GUILLAUME. — A pied. Y a-t-il un chemin?... j'entends un chemin pour moi... je n'ai plus dix-huit ans.

LOUISE. — Oui, il y a un chemin pour toi... un sentier de mulet.

GUILLAUME. — Merci.

LOUISE. — Oh! papa, c'est de la petite Scheidegg qu'on voit le mieux la Jungfrau. On est tout près... on voit les moraines, les névés; c'est justement l'époque des avalanches et, en quelques minutes, on peut passer de la fraîcheur du paysage alpestre à la désolation des régions glacières. De la petite Scheidegg nous redescendrons jusqu'à Grindelwald. De là, nous revenons en voiture à Interlaken. C'est une belle excursion. Il faut quatre jours... cinq, si nous voulons faire le tour de Briensk et voir la cascade de Grimbach.

GUILLAUME. — Ce n'est pas une fille que j'ai... c'est un bædeker.

LOUISE. — Tu ne serais pas content de voir la Jungfrau?

GUILLAUME. — Et toi?

LOUISE. — Non, je t'en prie, réponds-moi sérieusement?

GUILLAUME. — Je serais très content... c'était mon unique désir de voir la Jungfrau... et vivre encore cent ans!

LOUISE. — Alors, c'est décidé?

GUILLAUME. — Oui... mais qui restera auprès de ta tante?

LOUISE. — C'est déjà arrangé... nous partirons tous les trois avec Julien. Mon oncle et Georgette, qui n'est pas très marcheuse...

GEORGETTE. — Oh! non.

LOUISE. — Resteront auprès de ma tante.

Mⁿᵉ LAFARGE. — Voici le facteur... je reconnais son pas.

En effet, on le voit apparaître.

CHARLES et GEORGETTE. — Ah!!!

GUILLAUME. — Quand le facteur paraît, la pension de famille applaudit à grands cris.

Scène V

LES MÊMES, LE FACTEUR.

LE FACTEUR. — Messieurs et dames, je vous salue bien.

CHARLES. — Bonjour, facteur! Vous avez quelque chose pour moi?

LE FACTEUR. — Je n'ai que les journaux.

GEORGETTE. — Et pour moi?

LE FACTEUR. — Non, mademoiselle, il n'y a rien.

GEORGETTE. — Vous êtes sûr?

LE FACTEUR, regardant des lettres. — Les autres lettres sont pour Mme Dufour... et une des demoiselles du Pavillon.

GEORGETTE, par-dessus l'épaule du facteur. — Mme Dufour... Mme Dufour... Mme Dufour... Mlle Vera Levanoff. (Mouvement d'étonnement de Julien.) Non, il n'y a rien pour moi. Tant pis!

LE FACTEUR. — Ce sera pour une autre fois.

CHARLES, au facteur. — Ayez donc la complaisance de m'affranchir ces quatre lettres, avant de les mettre à la poste.

LE FACTEUR. — C'est que... je n'ai pas de monnaie à vous rendre...

CHARLES. — Bien entendu. Gardez tout.

LE FACTEUR. — Bonsoir, messieurs et dames.

DES VOIX. — Bonsoir, facteur... Bonsoir, facteur.

Scène VI

LES MÊMES, moins LE FACTEUR.

Julien a pris les journaux et les parcourt.

GUILLAUME. — En somme, il y a très peu de monde ici.

CHARLES. — Très peu... nous occupons tout le premier étage de cette maison, Mme Dufour, son petit-neveu et les domestiques occupent le second étage... De sorte que ce n'est pas une pension de famille, c'est la pension de notre famille.

GUILLAUME. — Pour le moment... mais il peut venir d'autres pensionnaires.

CHARLES. — Il n'y a plus qu'un petit pavillon au fond du jardin, avec trois chambres. Or, deux de ces chambres viennent d'être louées, il y a quatre jours, à deux jeunes filles, deux étudiantes russes. Il ne reste donc plus qu'une chambre vacante, mais il ne faut pas être exigeant pour s'en contenter.

GUILLAUME. — Vous avez deux étudiantes russes et tu ne le disais pas.

CHARLES. — Je n'attendais qu'une occasion et, tu vois, ça n'a pas traîné. Oh ! elles ne sont pas gênantes : elles vivent un peu en sauvages, elles préparent leur repas elles-mêmes et mangent dans leurs chambres. On les voit rarement... elles ne se promènent guère et passent leur journée à lire, à écrire et à fumer des cigarettes.

GUILLAUME. — Sont-elles jolies, au moins ?

GEORGETTE. — La plus jeune est assez jolie, si l'on veut ; mais l'autre, quel type ! Fagotée, on n'a pas idée... On dirait plutôt une bonne qu'une étudiante. D'ailleurs, c'est elle qui fait le ménage et les commissions. Et avec ça, aimable faut voir. Le jour où elle est arrivée, comme elle traînait une grosse valise et que Julien, galamment, insistait pour la porter avec des : « Je vous en prie, mademoiselle... je ne souffrirai pas, mademoiselle » elle lui a répondu : « Si, monsieur, souffrez, » et elle est repartie, comme une fourmi avec son fardeau plus lourd qu'elle.

GUILLAUME. — Eh bien, cette réserve farouche me semble du meilleur augure pour notre tranquillité. Ce sont peut-être des nihilistes !... La Suisse leur est hospitalière.

CHARLES. — Ou des princesses.

GUILLAUME. — L'un n'empêche pas l'autre...

GEORGETTE. — Oh ! des princesses, je parierais bien que non !

Elle rit ironiquement.

JULIEN. — Il ne faut pas rire, Georgette... tu perdrais peut-être ton pari.

GEORGETTE. — Pourquoi ? Est-ce que tu as reçu les confidences de la fourmi ?...

JULIEN. — Oh ! non.

GEORGETTE. — De l'autre, alors ?

JULIEN. — Pas davantage ; mais ce journal te renseignera aussi bien que moi.

CHARLES. — C'est le *Journal de Genève* d'aujourd'hui ?

JULIEN. — Oui.

GUILLAUME. — Et que dit-il, ton journal ?

JULIEN, lisant. — « La princesse Boglowsky, compromise naguère dans un complot nihiliste dont la découverte fit scandale dans la haute société russe serait, paraît-il, en villégiature aux environs de Genève, sous le nom de Vera Levanoff. »

Georgette. — Vera Levanoff; mais c'est le nom de l'étudiante russe du pavillon.

Julien. — Es-tu toujours aussi sûre de gagner ton pari ?

Georgette. — C'est-à-dire que je le perdrais maintenant avec enthousiasme. Une princesse russe en représentation ici... Songe donc. Quelle distraction ! Quelle aubaine !

Guillaume, qui a pris le journal des mains de Julien. — Boglowsky... Attendez donc... Mais oui, je me rappelle, on parlait beaucoup de cette affaire à Saint-Pétersbourg, lorsque j'y allai en 1879, il y a deux ans, tu sais, pour la commission de travaux qui nous échappa. Quelles drôles de gens que ces Russes ! Figurez-vous que ce prince Boglowsky était affilié à une société secrète de propagande révolutionnaire; et qu'il cherchait la forte somme pour remplir la caisse du cercle, multiplier les publications de son imprimerie clandestine et, surtout, préparer l'évasion du célèbre agitateur Grigoriew, déporté en Sibérie. C'est alors qu'il demanda et obtint la main d'une jeune fille dont je crois bien que le nom était celui que vous dites, Vera Levanoff. Son père était conseiller d'Etat. Le prince n'avait pas fixé son choix au hasard, car la jeune fille, dévouée elle-même à la cause, apportait à son mari les 25.000 roubles nécessaires à la réalisation de ses projets. Mariage purement fictif, d'ailleurs; après la cérémonie, les deux époux se séparèrent; le prince coucha seul à l'hôtel et la princesse partit pour une destination inconnue.

Georgette. — Charmante soirée.

Guillaume. — Peu de temps après, l'imprimerie nihiliste était découverte et la police venait arrêter le prince Boglowsky. C'était le soir. Il éteignit la lampe, renversa une table derrière laquelle il se barricada et déchargea son revolver sur les gendarmes. Mais les policiers étaient en nombre et ils parvinrent à s'emparer du prince qui, dans l'obscurité, avait reçu un terrible coup de sabre. Enfermé dans une forteresse, il aurait même succombé plus tard, dit-on, aux suites de sa blessure.

Julien. — Pauvre homme !

Guillaume. — J'oublie un détail épouvantable : Lors de cette descente de police, un complice du prince, une femme, avait eu le temps d'avaler un papier donnant la clef des lettres chiffrées qu'échangeaient entre eux les affiliés, et les gendarmes, pour le lui faire rendre, étranglèrent à moitié cette fanatique et lui cassèrent deux dents.

Louise. — Et elle l'a rendu ?

GUILLAUME. — Non.

JULIEN. — C'est drôle !

CHARLES. — Tu trouves ça drôle, toi?

JULIEN. — Oh! non... c'est le rapprochement que je fais qui me semble drôle.

CHARLES. — Quel rapprochement?

JULIEN. — L'étudiante bourrue : « Souffrez, monsieur, » il lui manque aussi deux dents.

GEORGETTE. — Quelle chance! c'est elle! deux héroïnes au lieu d'une !... On ne va pas s'ennuyer!

Mᵐᵉ LAFARGE. — Alors, les mariages fictifs existent réellement en Russie?

JULIEN. — S'ils existent! Sans doute; ils étaient très fréquents, il y a quelques années, lorsque des groupes nombreux d'étudiants et d'étudiantes appartenant à la bourgeoisie et à la noblesse se concertèrent pour aller dans le peuple, comme ils disaient. A cette époque, les prosélytes des deux sexes se faisaient ouvriers ou paysans : pour n'être pas trahis par leur peau blanche, ils s'exposaient la figure au soleil, se noircissaient les mains avec du goudron. Un jeune homme, gagné aux idées nouvelles, apprenait-il qu'une jeune fille voulait se soustraire à l'autorité de ses parents, pour suivre les cours de l'Université et consacrer au peuple une existence indépendante, ce jeune homme, connaissant à peine cette jeune fille et quelquefois même ne la connaissant pas du tout, n'hésitait pas néanmoins à l'épouser. Oh! ç'a été un mouvement admirable.

GEORGETTE. — Comme tu t'enflammes, Julien!

JULIEN, haussant les épaules. — Je ne m'enflamme pas... Je réponds à la question que posait maman.

Mᵐᵉ LAFARGE. — Que ces choses-là soient possibles, moi, je ne peux pas le croire!

JULIEN. — Pourquoi?

Mᵐᵉ LAFARGE. — En aucun cas et sous aucun prétexte, le mariage ne doit être une mystification; c'est toute une vie qu'on engage irrévocablement.

JULIEN. — Mais, en Russie, où le divorce n'existe pas, pour ainsi dire, ces mariages fictifs étaient indissolubles.

Mᵐᵉ LAFARGE. — Alors ces malheureux exaltés se condamnaient à vivre toujours seuls, sans intérieur, sans enfants.

JULIEN. — Oui, mère, comme d'autres malheureux se condamnent, sans l'excuse d'aucune exaltation, à consommer ce que nous appelons chez nous des mariages de raison. Lesquels sont le plus à blâmer ou le plus à plaindre?

Sur ces derniers mots Mᵐᵉ Dufour est entrée.

Mᵐᵉ DUFOUR. — Le char vous attend en bas.

CHARLES. — C'est vrai, au fait, il est quatre heures.

LOUISE. — Eh bien, allons nous apprêter.

Charles va prendre sa femme et lui donne le bras pour la diri-
ger vers la porte.

Mme LAFARGE. — Tu viens avec nous, Julien?

JULIEN. — Non, mère. Je reste. Je vais tâcher de travailler un peu... à moins que tu n'aies besoin de moi.

Mme LAFARGE. — J'ai toujours besoin de toi... en promenade surtout. Ton père se contente de me nommer
les endroits que nous traversons; il n'y a que toi qui
essayes de me les faire voir.

JULIEN. — Louise me remplacera.

LOUISE. — Oh! te remplacer!

Mme LAFARGE. — Enfin, mon enfant, comme tu voudras.

Elle sort au bras de son mari. Guillaume et Georgette sont déjà
sortis. Mme Dufour range quelques meubles, met de l'ordre, etc.

LOUISE. — Pourquoi ne viens-tu pas avec nous? Tu
sais bien que ma tante ne recouvre la vue qu'avec tes
yeux... tu peux bien travailler le matin et nous réserver au moins l'après-midi.

JULIEN. — Louisette, il n'y a pas de places dans la
voiture pour tout le monde... alors, si j'avais dit ça,
maman se serait sacrifiée comme toujours, comprends-tu?

LOUISE. — Veux-tu que je reste avec toi?

JULIEN. — Mais non, pas du tout. Allons, va mettre
ton chapeau... je vous accompagnerai jusqu'à la voiture.

Ils sortent quelques secondes, pendant lesquelles Mme Dufour
continue ses petits rangements. Enfin, elle met les tasses à café
vides, le sucrier, etc., sur le plateau et se dispose à emporter
le tout, quand Vera Levanoff apparaît sur le perron.

Scène VII

VERA, Mme DUFOUR

VERA. — Ah! vous êtes là, madame Dufour, je voudrais vous parler.

Mme DUFOUR. — Tout entière à votre disposition,
mademoiselle. Asseyez-vous donc, je vous en prie.

VERA. — Un de nos compatriotes pour qui nous
avons, mon amie et moi, une affection... filiale, nous
écrit de Zurich qu'il viendra nous voir après demain
et passer quelques jours auprès de nous. Il ne se plaît
pas à l'hôtel. La chambre qui vous reste à louer est-
elle retenue?

Mme DUFOUR. — Non.

VERA. — En ce cas notre ami pourrait l'occuper.

Vous l'obligeriez beaucoup et je vous en serais personnellement très reconnaissante.

Mme DUFOUR. — Je ne demande pas mieux que de réserver la chambre à ce monsieur. Elle est petite et n'a rien de luxueux; mais elle est habitable et propre.

VERA. — C'est bien ainsi.

Mme DUFOUR. — Ce monsieur prendrait ses repas avec vous?

VERA. — Naturellement.

Mme DUFOUR. — Alors, les conditions seront les mêmes que pour vous. Trente francs par mois ou un franc cinquante par jour, si ce monsieur reste moins d'un mois. La bougie, à part, bien entendu.

VERA. — Je puis donc écrire à notre ami de venir... je vais lui envoyer tout de suite un mot : mais le facteur est parti...

Mme DUFOUR. — Justement, je descends à Aubonne.., si vous voulez, je mettrai votre lettre à la poste.

VERA. — Je vous en remercie. Vous permettez que j'écrive ici... de cette façon, je ne vous ferai pas attendre.

Mme DUFOUR. — Oh! vous avez le temps... je ne descend pas tout de suite; mais vous pouvez vous mettre là. (Elle débarrasse le guéridon.) Il y a du papier et des enveloppes dans le buvard.

Vera s'installe. Long silence pendant lequel Mme Dufour, tandis que Vera écrit, enlève de la petite table le plateau garni de tasses à café, sucrier, etc., qu'elle emporte.

Scène VIII

VERA, puis JULIEN

Vera, ayant fini d'écrire, glisse sa lettre dans une enveloppe qu'elle est en train de fermer lorsque Julien entre.

JULIEN. — Oh! je vous demande pardon, mademoiselle.

VERA. — C'est moi, monsieur, qui vous demande pardon... je suis ici un peu chez vous.

JULIEN. — Pas du tout, mademoiselle, ce salon est à tout le monde ici... c'est un terrain neutre, comme la Suisse elle-même... et de ce que vous n'en profitez jamais, n'en concluez pas qu'il soit à nous. Je regrette même, nous regrettons tous que vous n'en profitiez pas davantage.

VERA. — Vous êtes très aimable, trop aimable vraiment... d'ailleurs, je m'en allais.

Elle se lève.

JULIEN. — Non, non, mademoiselle, restez. Je suis très heureux, trop heureux de vous avoir rencontrée.

J'ai à vous parler.

Vera. — En vérité, à moi, monsieur?

Julien. — Oui, mademoiselle, à vous-même... asseyez-vous donc, je vous en prie. Voilà : ce que j'ai à vous dire est assez embarrassant.

Vera. — En ce cas, il vaudrait peut-être mieux ne pas le dire.

Julien. — C'est une solution, mais, d'un autre côté, c'est encore plus embarrassant à garder... pour moi, du moins, qui ai pour certaines choses des scrupules, des pudeurs. Enfin, mademoiselle, le hasard d'une villégiature, d'une pension de famille... d'une pension de famille...

Vera. — J'avais bien entendu.

Julien. — Fait que l'on vit côte à côte et sous le même toit avec des personnes que l'on ne connaît pas ; quand je dis sous le même toit, c'est une façon de parler, car ces personnes peuvent habiter un pavillon séparé, au bout du jardin par exemple.

Vera. — Oui... et alors?

Julien. — Alors, tout à coup, on apprend qui sont ces personnes.

Vera. — Eh bien?

Julien. — Eh bien, par ce fait seul, il semble que l'on se trouve dans une situation délicate vis-à-vis d'elles, et qu'elles-mêmes sont dans une situation inférieure vis-à-vis de vous... Il semble qu'on leur a dérobé un secret. Alors, le devoir d'un honnête homme n'est il pas de les avertir ?

Vera. — De quoi?

Julien. — Mais qu'on connaît leur nom, leur vie... une partie de leur vie tout au moins... certaines particularités.

Vera. — Oui, je comprends vos scrupules... mais, monsieur, lorsqu'on est sujet à de tels scrupules, le plus simple serait sans doute de ne pas chercher à savoir... je vous assure que moi j'ignore absolument qui vous êtes.

Julien. — Oh! mademoiselle, vous avez là une mauvaise pensée... Alors vous croyez?... Mais on peut apprendre, entendez-moi bien, apprendre sans avoir cherché à savoir.

Vera. — Enfin, monsieur, où voulez-vous en venir?

Julien. — Je serais désolé, mademoiselle, que vous puissiez croire un seul instant que j'aie été curieux ou... indiscret, et je veux vous expliquer comment, j'ai pu...

Vera. — C'est inutile.

Julien. — Mais, je vous demande pardon, j'y tiens, écoutez-moi. J'ai un oncle, mon oncle Guillaume qui est arrivé aujourd'hui.

Vera. — Ah!

Julien. — Oui, ça vous est égal. Attendez. Comme il demandait naturellement quels étaient en même temps que nous les hôtes de cette maison, on a parlé de vous... de vous et de votre amie... on a dit votre nom et, dans le même temps, je lisais ceci, dans le *Journal de Genève* de ce matin. Voyez, là... « Echos de la Confédération ».

Il lui tend le journal.

Vera, remettant le journal sur la table. — Comme c'est intéressant! Les journaux devraient bien n'accorder leur publicité qu'aux gens qui la recherchent.

Julien. — C'est bien mon avis ; mais comment empêcher ça? Alors mon oncle, mon oncle Guillaume qui voyage souvent en Russie pour ses affaires, se trouvait précisément à Saint-Pétersbourg, il y a deux ans, et il nous a raconté dans quelles circonstances... spéciales vous aviez épousé le prince Boglowski, l'arrestation du prince peu de temps après votre mariage et comment, dans la bagarre, la jeune fille qui vous accompagne avait eu deux dents de cassées.

Vera. — Ça pourrait ne pas être la même.

Julien. — Sans doute... Alors, la coïncidence serait bien singulière... toutes les étudiantes russes n'ont pas deux dents cassées, il y en a qui les ont toutes et fort jolies.

Vera. — C'est tout ce que vous aviez à me dire ?

Julien. — Mon Dieu, oui, mademoiselle, c'est tout... encore une fois, un scrupule peut-être exagéré m'a déterminé à vous parler comme je l'ai fait... Si je vous avais fâchée, contrariée, je ne me le pardonnerais pas.

Vera. — Vous auriez tort, monsieur, puisque vous avez fait ce que vous croyez devoir faire. Non, je ne suis pas fâchée. Il n'y a aucune indiscrétion à connaître qui je suis, qui nous sommes, mon amie et moi. Nous ne nous affichons pas certes, mais nous ne nous cachons pas non plus. Ne prenez donc pas pour de la prudence une manière de vivre qui n'a d'autres raisons que le travail, des ressources modestes et surtout le désir qu'on ne s'occupe pas de nous, qui ne nous occupons pas des autres. Je ne vous remercie pas moins de votre démarche.

Julien. — Oui, la façon dont vous me remerciez signifie que j'aurais mieux fait de me taire.

Vera. — Pas du tout.

Julien. — Au surplus, je ne suis qu'un étranger à vos yeux et je trouve votre défiance bien naturelle.

Vera. — Oh! défiance.

Julien. — Mettons réserve.

Vera. — J'aime mieux.

JULIEN. — Oui. Et, pourtant, je vous l'avouerai, car, après le silence, ce que vous devez le mieux apprécier, c'est la franchise.

VERA. — En effet.

JULIEN. — Eh bien, maintenant que je vous ai dit ce qu'il fallait que je vous dise, je devrais m'en aller, n'est-ce pas? (Geste de Vera.) Oh! vous ne me retenez pas, je le sais ; mais le sentiment qui m'oblige à rester auprès de vous, qui m'entraîne vers vous.

VERA. — Qui vous entraîne ?...

JULIEN. — Je ne trouve pas d'autre mot... Oui, ce sentiment-là, et vous ne pouvez pas vous en offenser, c'est un intérêt passionné pour les idées dont votre geste a été l'expression. Je vous admire.

VERA. — Vous ne trouvez pas d'autre mot.

JULIEN. — Non... je vous admire. Tant d'hommes se contentent de parler. Qu'une femme ait eu l'héroïsme d'agir, n'est-ce pas assez déjà pour nous émouvoir?

VERA. — Vous vous exagérez beaucoup l'importance d'un incident. Je ne suis pas une exception : ma compagne a été plus héroïque que moi; d'autres femmes, par centaines, expient obscurément un zèle et un courage que je n'ai pas montrés.

JULIEN. — C'est possible ; mais ces femmes-là, je ne les connais pas. Je les salue toutes en vous. L'hommage peut vous paraître faible... Acceptez-le néanmoins, car il est ardemment sincère. Je ne suis pas initié, c'est vrai. Les fils de la bourgeoisie française, à l'heure actuelle, ne se préoccupent de la question sociale que pour la résoudre à leur profit. Encore moins, sont-ils résolus à *aller dans le peuple*, comme disaient et comme ont fait vos amis. Cependant, ces grands courants d'idées qui nous arrivent à travers l'œuvre admirable de vos romanciers ne rencontrent pas que des indifférents. Déjà, pour quelques-uns d'entre nous, il y a dans ce seul mot *nihilisme*, un attrait singulier, terrible et doux à la fois, religieux et presque mystique... je ne sais quelle vision de nobles dévouements éclatants ou obscurs. Comprenez-vous maintenant pourquoi, sachant qui vous êtes, ce que vous avez fait, je me sens entraîné vers vous?

VERA. — *Vers la nihiliste ?*

JULIEN, avec un peu d'impatience. — Mais non, mais non... comprenez-moi bien. Ah! je parle mal de ces choses... j'en parle d'instinct. Encore une fois, je ne suis pas initié. J'ai trop peu fréquenté, je le regrette à présent, des étudiants russes, des étudiants en médecine comme moi et dont la généreuse ambition était de soigner les misérables, à la fois dans leurs maladies physiques et dans leurs infirmités sociales. Ils avaient

raison : toute guérison ne dépend pas seulement de
nos remèdes ; mais aussi d'un régime de justice, d'aide
mutuelle et de liberté.

VERA. — Si vous comprenez cela, vous comprenez
tout le reste, vous êtes initié. (Un silence.) Oui, il ne
suffit pas de soigner le corps, il faut aussi soigner
l'âme et l'esprit.

JULIEN. — J'en sens la nécessité chaque jour auprès
de ma pauvre mère.

VERA. — Madame votre mère est souffrante.

JULIEN. — Elle est aveugle.

VERA. — Depuis longtemps ?

JULIEN. — Depuis trois ans,

VERA. — Incurablement ?

JULIEN. — Oui. Une paralysie du nerf optique.

VERA. — Pauvre femme ! Quelles consolations inventer
à défaut de remèdes.

JULIEN. — Si mère vous entendait, vous seriez déjà
son amie. Alors, vous comprenez, nous nous ingé-
nions tous à ne pas la laisser isolée dans son infirmité. Ainsi, lorsque ce malheur est arrivé mon oncle et
mes cousines sont venus demeurer avec nous, pour
qu'elle ne restât jamais seule... qu'il y ait du mouvement, de la gaieté autour d'elle dans la maison. Hélas,
est-ce parce que nous ne savons pas nous y prendre,
ou bien parce que sa tristesse est incurable, auss
nous ne réussissons pas à la distraire de ses noires
pensées.

VERA. — Pauvre femme ! (Un silence.) Vous avez connu
des étudiants russes, disiez-vous ?

JULIEN. — Quelques-uns... oui.

VERA. — Où cela ?

JULIEN. — A Paris.

VERA. — Des réfugiés ?

JULIEN. — Peut-être... je ne sais pas... ils étaient si
mystérieux.

VERA. — Vous avez fait vos études à Paris.

JULIEN. — Oui... je les fais même encore, ou plutôt
je les termine : je prépare ma thèse en ce moment.

VERA. — Ah !

JULIEN. — Serais-je encore indiscret, en vous posant
à mon tour une question ?

VERA, souriant, plus confiante. — Non.

JULIEN. — N'êtes-vous pas vous-même étudiante e n
médecine ?

VERA. — En effet.

JULIEN. — Inscrite à quelle université ?

VERA. — A l'université de Zurich ; mais je n'y resterai
pas, j'ai suivi le conseil que l'on m'a donné de n'aller
à Paris qu'après avoir passé une ou deux années dans

des universités de Suisse ou d'Allemagne.

JULIEN. — C'est un très bon conseil.

VERA. — N'est-ce pas?

JULIEN. — Oui; mais nous ne l'envisagerons peut-être pas au même point de vue.

VERA. — Quel est donc le vôtre?

JULIEN. — Dame! Je pense que vous viendrez cet hiver à Paris et que j'aurai le plaisir de vous y retrouver.

VERA. — Oh! ce n'est pas sûr. J'hésite encore.

JULIEN. — Pourquoi?

VERA. — On me dit qu'en France les étudiants sont hostiles à la femme qui désire s'instruire et conquérir des diplômes qu'ils voudraient réserver à eux seuls... Il y a chez eux, paraît-il, la persistance de tous les vieux préjugés, l'inquiétude du professeur menacé dans son privilège, l'égoïsme du conquérant réfractaire au partage et le dépit de voir la femme s'échapper du servage.

JULIEN. — Oh! ne vous faites pas de la jeunesse de nos écoles une si mauvaise idée; quand vous suivrez leurs cours, si les étudiants soulignent votre entrée par un bruit de baisers et votre sortie par une offre de reconduite, il ne faudra pas attacher trop d'importance à ces gamineries. Là, se bornera leur hostilité... ce n'est pas bien grave et je vous assure que vous serez respectée. D'ailleurs, si vous le permettez, je serai là. (Un silence.) En attendant, si quelques livres que j'ai apportés ici pouvaient vous être utiles...

VERA. — Je vous en priverais.

JULIEN. — Oh! non, je travaille peu.

Scène IX

LES MÊMES, TATIANA

TATIANA, entrant précipitamment. — Verotchka! Verotchka! C'est lui.

VERA. — Tu dis?

TATIANA. — Je viens de l'apercevoir, quittant la gare et demandant son chemin. Je cours à sa rencontre.

Elle sort.

Scène X

JULIEN, VERA

JULIEN. — Encore une fois, mademoiselle, pardonnez-moi une démarche qui a pu vous paraître insolite. Je ne le regretterais pas, pour ma part, si je n'étais plus pour vous un étranger, mais un ami, et si vous daigniez, en toute occasion, mettre mon absolu dévouement à l'épreuve.

VERA. — Je vous remercie, monsieur.

Julien sort : sur le seuil de la porte, il rencontre Tatiana et Grigoriew. Il a, en apercevant ce dernier, un geste de surprise.

Scène XI

VERA, GRIGORIEW, TATIANA

Grigoriew, haute taille, carrure puissante, tête léonine. L'acteur s'inspirera, pour la composition de son personnage, des derniers portraits de Bakounine.

GRIGORIEW, ouvrant les bras à Vera, qui s'y jette. — Vera ! ma chère sœur !

VERA. — Quelle surprise !

GRIGORIEW. — Vous ne m'attendiez pas si tôt ?

VERA. — Non... Je viens de vous écrire.

GRIGORIEW. — Je comptais ne venir vous rejoindre que dans quelques jours ; moi, qui suis toujours en retard, je suis donc une fois en avance, mais un incident imprévu a précipité mon départ.

TATIANA. — On vous expulse.

GRIGORIEW. — Non, calme-toi, petite. Pas pour le moment.

VERA. — Alors ?

GRIGORIEW. — Voici : j'ai reçu hier de San Francisco, une correspondance en signes conventionnels, naturellement, d'un nommé Zakharine.

TATIANA. — Zakharine ?

Elle regarde Vera qui fait signe que ce nom ne lui rappelle rien.

GRIGORIEW. — Oui, vous ne le connaissez pas, mais je le connais, moi. Il a été compromis dans une affaire de colportage, relâché, faute de preuves, après une longue détention et c'est sous la menace d'une nouvelle arrestation, qu'il a réussi, un peu plus tard, à passer en Amérique. Ça je le savais ; mais ce que je ne savais pas, c'est qu'il a eu pour voisin de cachot à la forteresse... Boglowsky !

VERA. — Boglowsky ?... Il l'a vu ?

GRIGORIEW. — Qu'il l'ait vu ou non, il se déclare en mesure de nous donner sur lui, sur ses derniers jours, sur sa mort même, les renseignements précis qui nous ont toujours manqué jusqu'ici.

VERA. — Grigoriew, il faut absolument entendre cet homme.

GRIGORIEW. — C'est mon avis... Pour cela, il faut le faire venir en Europe.

Vera. — Sans doute.

Grigoriew. — Et il n'a pas l'argent de son voyage : il compte sur moi pour le lui envoyer dans le plus bref délai. Le bateau qu'il voudrait prendre part le 5. Il n'y a donc pas un jour à perdre.

Vera. — Combien faut-il?

Grigoriew. — Quatre cents francs. Une collecte que j'ai faite à Zurich et à Genève, parmi nos camarades, a produit cent francs.

Vera. — Il faut encore trois cents francs.

Grigoriew. — J'ai pensé les trouver ici. Voilà pourquoi j'arrive à l'improviste.

Vera. — Mais cette somme, Grigoriew, je ne l'ai pas... Comment faire?

Grigoriew. — Vous n'avez pas ici trois cents francs?

Vera. — Mais non, pas cinquante. Je ne reçois ma pension de deux cents francs que le quinze de chaque mois et notre installation, le loyer de notre chambre, que j'ai dû payer d'avance, ne nous ont laissé pour ressources que le strict nécessaire.

Tatiana. — C'est vrai, Grigoriew, nous vivons avec trente sous par jour.

Vera. — Comment faire?

Grigoriew. — Nous ne pouvons pourtant pas, faute de trois cents francs, exposer Zakharine à être repris ou à mourir de faim. Car, s'il est important pour nous de savoir à quels mauvais traitements ou à quelles tortures morales Boglowsky a succombé, il est plus important encore, n'est-ce pas? de sauver un camarade en péril.

Tatiana. — Il faut absolument trouver un moyen.

Vera. — Si je savais seulement à qui demander ces trois cents francs.

Grigoriew. — Votre propriétaire?

Vera. — Elle ne les prêtera pas.

Grigoriew. — Et vous ne connaissez personne à qui l'on puisse s'adresser.

Vera. — Personne... Nous vivons très à l'écart et j'ignorerais encore quels compagnons de pension nous avons, sans le renseignement que l'un d'eux m'a fourni presque malgré moi tout à l'heure.

Tatiana. — Le jeune homme avec qui tu causais.

Vera. — Justement.

Tatiana. — Je l'ai déjà rembarré, celui-là.

Vera. — A quel propos.

Tatiana. — A propos d'une valise qu'il prétendait m'aider à porter.

Grigoriew. — Tu as eu tort, ma fille. C'est un Français sans doute?

Vera. — Oui.

Grigoriew. — Il est galant : chaque peuple à ses usages et, lorsque, comme toi, comme nous, on est appelé à vivre dans tous les pays, il faut tenir compte des défauts... et même des qualités des gens avec lesquels on se trouve.

Vera. — Ce jeune homme s'est mis à ma disposition d'une façon plus générale.

Tatiana. — Mauvaise herbe envahit tout.

Grigoriew. — Que fait-il, ce monsieur?

Vera. — Rien. Il est en vacances... c'est un étudiant en médecine. Il est ici avec ses parents, son oncle et ses cousines. Ayant appris qui j'étais, il a cru devoir me témoigner son admiration pour nos actes et nos doctrines et, dans sa joie naïve de rencontrer une nihiliste, il m'a priée de le considérer comme un ami et de mettre son dévouement...

Grigoriew. — Eh bien, mais il faut le prendre au mot cet obligeant Français. Il y a deux manières d'éprouver un ami; c'est, quand on s'absente, de le laisser seul avec sa maîtresse ou de lui demander de l'argent quand on en a besoin.

Vera. — Vous n'y pensez pas, Grigoriew, Parlez-vous sérieusement?

Grigoriew. — Très sérieusement. Vais-je épiloguer sur les moyens de me procurer trois cents francs, lorsque j'évalue à cette somme *dérisoire* (que je n'ai pas, d'ailleurs) le salut et l'existence d'un des nôtres?

Tatiana. — C'est égal... avoir recours à un inconnu.

Grigoriew. — Nous ferons connaissance. Où est-il?

Tatiana. — Je l'ai aperçu qui lisait dans le jardin.

Grigoriew. — A merveille... Va lui dire que je désire lui parler.

Vera. — Est-il convenable que?..

Grigoriew. — Que dites-vous?

Vera. — Rien... rien...

Grigoriew. — A la bonne heure! Défiez-vous, ma chère Vera, des scrupules dictés par ce qu'on appelle les convenances. Ce sont des modes qui passent comme la forme des chapeaux. Les convenances ne sont que les caprices de la civilisation. La raison seule donne un sens à nos scrupules.

Sur ces derniers mots, Julien est entré.

Scène XII

Les mêmes, JULIEN

Grigoriew, allant au devant de Julien. — Bonjour, monsieur. Je vous ai fait demander deux minutes d'entretien.

JULIEN. — Et j'en suis très flatté, monsieur... Grigoriew.

GRIGORIEW, surpris. — Vous me connaissez ?

JULIEN. — J'ai vu votre portrait à Paris, chez des étudiants, et votre invitation prévient mon désir de vous être présenté.

GRIGORIEW. — La photographie nous met donc en règle avec la civilité. Admirable invention ! Ça me permet d'aller tout de suite au fait : il est urgent que nous fassions revenir de loin... de très loin un de nos amis en détresse. J'ajouterai seulement que cet homme est digne d'estime et que nous le considérons comme un frère dévoué qui ferait pour nous ce qu'il nous demande de faire pour lui.

JULIEN. — Cette déclaration était superflue, monsieur. il fallait me dire seulement ce que vous attendiez de moi.

GRIGORIEW. — Il nous manque le temps de réunir la somme nécessaire au retour de notre camarade parmi nous. Son appel pressant nous prend au dépourvu. Voulez-vous nous aider à le secourir, à le sauver.

JULIEN. — Combien vous faut-il?

GRIGORIEW. — Trois cents francs.

JULIEN. — Je vous les apporte à l'instant.

GRIGORIEW. — Merci, monsieur, vous nous rendez un grand service.

JULIEN. — Ne me remerciez pas. En m'associant à votre tâche généreuse. vous donnez à ma sympathie s ecrète l'occasion qu'elle cherchait de se manifester.

GRIGORIEW. — Cette sympathie, monsieur, est à présent réciproque.

Poignées de mains. Julien sort.

Scène XIII

LES MÊMES moins JULIEN.

GRIGORIEW. — Il est gentil, ce garçon... très gentil.

VERA. — Il paraît sincère.

GRIGORIEW. — Oui. Sincère et désintéressé.

TATIANA. — Oh ! désintéressé, c'est autre chose ! On ne sait pas.

RIDEAU

ACTE II

A PARIS CHEZ LES LAFARGE

Un grand salon communiquant au fond, par une porte, avec le cabinet de Charles Lafarge. A gauche, par une large baie, avec le petit salon que l'on voit de biais. Portes à droite et à gauche.

Au lever du rideau, Louise est assise seule, dans le grand salon, quelques secondes et sœur Georgette vient la rejoindre.

Scène première

GEORGETTE, LOUISE

GEORGETTE. — Hé bien, cette migraine ?

LOUISE. — Ça va mieux, je te remercie.

GEORGETTE. — As-tu dormi un peu ?

LOUISE. — Non... ça ne sera rien.

GEORGETTE. — Ils sont encore à table ; comme ils parlaient de Mlle Levanoff... je les ai laissés... j'en ai assez d'entendre faire l'éloge de la princesse ! Mon oncle et ma tante sont en train d'énumérer à papa tous ses mérites. Tu comprends s'ils en ont à dire, depuis trois mois que papa était en voyage. C'est curieux ; ma tante ne voit plus littéralement que par les yeux de cette Véra.

LOUISE. — Ça se comprend ; Mlle Levanoff s'est montrée si dévouée pour elle, elle l'a entourée de tant de soins.

GEORGETTE. — Il me semble que nous étions là.

LOUISE. — Sans doute ; mais nous ne savions peut-être pas nous y prendre. Mlle Levanoff, elle, a la vocation, l'instinct, la science, c'est incontestable.

GEORGETTE. — C'est entendu... la princesse a toutes les qualités. Auprès d'elle, nous ne comptons plus, nous ne sommes plus rien.

LOUISE. — Oh ! Georgette, tu as tort de dire ça : ma tante nous aime beaucoup.

GEORGETTE. — Oui, mais elle préfère la princesse : elle est en admiration devant tout ce que fait Mlle Levanoff, c'est au point que, malgré son aversion pour le tabac, l'odeur de ses sacrées cigarettes russes lui est agréable. Tu m'avoueras que c'est tout de même épatant ! Moi, ce n'est pas la fumée que je ne peux pas sentir, c'est la demoiselle.

LOUISE. — Oh! Georgette.

GEORGETTE. — Tu sais, moi, je suis franche... je dis ce que je pense, je ne l'aime pas. Et toi non plus, d'ailleurs, tu ne l'aimes pas, tu ne peux pas l'aimer.

LOUISE. — J'ai une grande estime pour Mlle Levanou.

GEORGETTE. — De l'estime... oui, mais de l'affection...

Un silence on entend sonner à la porte d'entrée.

LOUISE. — Est-ce qu'on a pas sonné ?.

GEORGELTE. — Oui... c'est elle sans doute, elle devait venir à deux heures. Elle va arriver avec son air glacial.

LOUISE. — Je vais dans ma chambre... je me reposerai un peu.

GEORGETTE. — Oui, va dans ta chambre... je te rejoindrai tout à l'heure.

Elle sort, Georgette reste seule et, quelques secondes après, la femme de chambre introduit Vera.

Scène II

GEORGETTE, VERA

GEORGETTE. — Bonjour, mademoiselle.

VERA. — Bonjour, mademoiselle... votre cousin est-il rentré !

GEORGETTE. — Non, pas encore, mademoiselle, mais mon oncle et ma tante sont là... ils sont encore à table... avec papa qui est revenu ce matin.

VERA. — Monsieur votre père a fait un bon voyage.

GEORGETTE. — Je ne sais pas, mademoiselle... Il n'a pas encore eu le temps de nous en parler... On n'a parlé que de vous.

VERA. — De moi ? A quel propos ?

GEORGETTE. — A propos de tout. (Un petit silence.) Je ne sais pas si ma tante est prévenue que vous êtes là.

Elle se lève, comme pour y aller.

VERA. — Oh ! ne la dérangez pas.

GEORGETTE. — Ils doivent avoir fini de déjeuner... Ils causaient. Et puis, si ma tante a reconnu votre coup de sonnette, rien ne pourra la retenir.

En effet, sortant de la salle à manger, on voit apparaître dans le petit salon Mme Lafarge au bras de son mari et, derrière eux, Guillaume.

Scène III

Mme LAFARGE, VERA, GEORGETTE, CHARLES, GUILLAUME

Vera va au-devant de Mme Lafarge, lui dit bonjour, ainsi qu'à Charles, tandis que Georgette la regarde avec des yeux mau-

VERA. — Vous avez fait un bon voyage, monsieur ?

GUILLAUME. — Excellent, mademoiselle, et je suis tout à fait heureux de vous revoir.

VERA. — Et moi, monsieur, croyez bien que je partage la joie que votre retour apporte ici.

GEORGETTE. — Tu le vois, mon cher papa, ta bienvenue au jour te rit dans tous les yeux.

Mme LAFARGE, maintenant installée. — Oh! dans tous... tu exagères... quoiqu'il se soit opéré des miracles, en ce qui me concerne, pendant que vous n'étiez pas là, mon cher Guillaume.

GUILLAUME. — Oui, oui, je sais, des miracles. Il faut que je vous félicite, mademoiselle.

VERA. — De quoi donc, monsieur ?

GUILLAUME. — Mais du changement survenu dans cette maison. Grâce à vous, je retrouve ma belle-sœur gaie, bien portante... je ne la reconnais plus. Et quelle n'a pas été ma surprise, lorsque, grâce à vous encore, j'ai reçu une lettre écrite par elle.

Mme LAFARGE. — Et je ne fais que commencer.

GUILLAUME. — Clotilde m'a montré l'appareil que vous avez inventé... cette petite tablette à crémaillère, c'est très ingénieux.

VERA. — Oh! je n'ai rien inventé, je n'ai eu qu'à m'inspirer d'un modèle déjà existant.

Mme LAFARGE. — Oui, mais personne ne me l'avait indiqué... C'est comme pour la lecture des points saillants... pour m'encourager, Mlle Levanoff a eu l'idée...

VERA. — L'idée très simple...

Mme LAFARGE. — Oui, mais qui n'était venue à personne autour de moi... de me faire lire d'abord un livre que je connaissais pour ainsi dire par cœur : les *Harmonies poétiques* du divin Lamartine. A partir de ce moment, mes progrès ont été rapides.

GUILLAUME. — Vous faites véritablement des prodiges, mademoiselle.

Mme LAFARGE. — Ce n'est pas tout.

VERA. — Je vous en prie.

Mme LAFARGE. — Laissez-moi achever... vous allez me voir jouer aux dames.

GUILLAUME. — Non?

Mme LAFARGE. — C'est comme je vous le dis. Le damier, Georgette, veux-tu?

GUILLAUME. — Voilà encore du nouveau.

Mme Lafarge. — Et toujours l'ouvrage de Mlle Levanoff.

Georgette, à part, en apportant le damier. — Naturellement.

Guillaume. — Je serais curieux de voir ça... c'est encore de votre invention, mademoiselle.

Vera. — Non, ce sont des jeux dans le commerce.

Toutes deux commencent à jouer.

Guillaume. — Clotilde n'avait pas exagéré; mademoiselle, vos ressources sont inépuisables.

Vera. — Oh! non, hélas!

Mme Lafarge. — Vous êtes trop modeste, ma chère enfant, et je sais ce que je vous dois.

Charles. — Ce que nous vous devons, vous avez ramené ici la lumière, et l'entrain. Ma femme ne connaît plus cette chose terrible : l'ennui... l'ennui dans la nuit! Elle n'est plus jamais inoccupée... il était impossible de rêver pour elle, un guide plus ingénieux, plus attentif que vous.

Vera. — Vous oubliez de prendre, madame.

Mme Lafarge. — Où donc?

Vera. — Là.

Mme Lafarge. — Ah! oui, c'est vrai.

Guillaume. — Nous vous donnons des distractions... Charles, je t'ai rapporté d'excellents cigares.

Charles. — Nous allons leur dire deux mots.

Mme Lafarge. — Allez leur dire deux mots dans ton cabinet.

Guillaume. — Bien entendu... en même temps, je te montrerai des photographies que j'ai rapportées.

Tous deux remontent vers le cabinet.

Scène IV

Mme LAFARGE, VERA, GEORGETTE

Mme Lafarge. — Où donc est ta sœur, Georgette?

Georgette. — Elle est allée se reposer dans sa chambre.

Vera. — Est-ce que Mlle Louise est souffrante?

Mme Lafarge. — Elle n'était pas très bien pendant le déjeuner. Vous ne fumez pas, mademoiselle Levanoff?

Vera. — Avec votre permission, si, madame.

Elle allume une cigarette.

Mme Lafarge. — Vos cigarettes embaument. Ah! si j'étais plus jeune!

Georgette. — Cède-moi le privilège que tu regrettes, ma tante.

Mme Lafarge. — Ton père est là... c'est à lui que tu dois demander la permission.

Georgette. — Oh! je sais d'avance ce que papa me répondra : « Si ton mari, quand tu en auras un, t'autorise à fumer, je n'y verrai aucun inconvénient. » Il n'y a donc pas de raisons pour que ça finisse.

Mme Lafarge. — Et je ne pourrai qu'approuver ton père... une jeune fille bien élevée...

Georgette. — Oh! pardon, ma tante, du moment que c'est une question d'éducation.

Mme Lafarge. — D'éducation française.

Georgette. — Ah! oui, française.

Mme Lafarge. — Ne me fais pas dire ce qui serait une offense pour Mlle Levanoff.

Georgette. — Loin de moi cette pensée, ma tante... je sais bien que les usages diffèrent d'un pays à l'autre... Vérité au delà de la Vistule, erreur en deçà. Dans certaines îles de l'Australie, les femmes fument la pipe. (Elle se lève.) Je vais auprès de Louise qui est toute seule... je lui tiendrai un peu compagnie.

Mme Lafarge. — C'est ça... dis-lui que j'irai la voir tout à l'heure... avec Mlle Levanoff.

Georgette — Je le lui dirai... Ça lui fera plaisir.

Elle sort.

Scène V

Mme LAFARGE, VERA

Vera. — J'ai joué, madame, c'est à vous.

Mme Lafarge. — Oh! pardon.

Vera. — Vous devez me prendre, là.

Mme Lafarge. — Mon Dieu! suis-je distraite, aujourd'hui !

Vera. — Auriez-vous quelque chose qui vous contrarie?

Mme Lafarge. — Oh! qui me contrarie, non, ça m'étonne que Julien ne soit pas encore rentré.

Vera. — Il ne peut pas tarder... ce n'est pas sa thèse qui vous préoccupe, je pense... ce n'est qu'une formalité.

Mme Lafarge, absente. — Une formalité, évidemment. (Abandonnant résolument le jeu de dames.) Décidément, je ne peux pas jouer, ma chère enfant... J'ai à vous parler, je suis chargée d'une mission auprès de vous.

Vera. — D'une mission?

Mme Lafarge. — Oui. Julien a eu hier soir avec son père et avec moi une longue conversation : il nous a dit qu'il vous aimait; il a même cru nous l'apprendre, le pauvre petit! Ce n'était pourtant pas une nouvelle pour moi, du moins... J'ai beau être aveugle, lorsqu'il s'agit de son fils, une mère voit toujours clair. Depuis

le jour où il vous avait connue là-bas, en Suisse, la façon
dont il me parlait de vous m'avait renseignée, peut-être
même avant vous. Et puis l'ardeur avec laquelle il s'est
mis à travailler, en rentrant à Paris, sa manière d'être,
son éloignement des distractions et des plaisirs de son
âge... Bref, j'avais senti depuis longtemps que ce n'était
pas seulement une amie pour moi qui était entrée dans
cette maison, mais une femme que mon fils aimait de
de toute son âme et de toute sa loyauté.

Vera. — Oui, madame, je le sais.

Mme Lafarge. — D'autre part, sérieuse et réservée
comme vous l'êtes, il me semble que vous n'auriez pas
laissé naître, grandir, cet amour auprès de vous, si de
votre côté...

Vera. — Vous avez raison, madame, vous pensez
bien que malgré l'affectueux accueil que j'ai trouvé ici,
malgré ma joie d'avoir pu vous être secourable, je ne
serais pas venue si souvent dans cette maison et,
depuis trois mois, presque tous les jours, si, connaissant les sentiments de Julien, je ne les avais pas par-
tagés. Le but commun de nos études avait d'abord créé
entre nous, là-bas quand nous étions en Suisse, un
premier lien. Son ardente sympathie pour les idées
que j'essaye d'agir nous ont aussi rapprochés.

Mme Lafarge. — Et puis, il vous aime. Eh bien, ma
chère enfant, Julien n'a qu'un désir, c'est que vous
deveniez sa femme... c'est aussi celui de ses parents.
Mais il paraît que vous éprouvez quelques scrupules à
vous marier.

Vera. — A me *remarier*.

Mme Lafarge. — Oui, je sais ce que vous allez me
dire, vous êtes dans des conditions spéciales; mais
votre premier mariage fut ce qu'il devait être... pas
même un mariage de raison ; un simple contrat au bas
duquel votre signature n'engageait strictement que
votre dot. C'est bien cela, n'est-ce pas?

Vera. — Oui, madame.

Mme Lafarge. — Celui qui signait avec vous ce contrat a fait de votre dot l'usage qu'il devait en faire,
mais il faut voir les choses sous leur véritable jour. Le
prince Boglowsky fut moins votre mari que votre
obligé, car ce mariage faisait de vous non pas une
femme, mais une jeune fille pauvre.

Vera. — Il n'était pas mon obligé, c'est moi qui lui
dois tout, au contraire. Je languissais auprès d'un père
imbu de préjugés et despotique. Il m'a délivrée... il m'a
faite ce que je suis, c'est-à-dire une créature libre pour
qui le mariage ne sera jamais le commencement d'une
intrigue, ni le début d'une carrière.

Mme Lafarge. — C'est bien parce que j'en suis persuadée que je joins ma prière à celle de mon fils. Je vous en supplie, faites que je donne une bonne réponse à Julien, quand il rentrera. Puisque dès maintenant vous êtes ici chez vous, restez-y, ou bien je penserai que vous ne répondez pas à notre entière confiance en vous par une confiance égale.

Vera. — Oh! madame.

Mme Lafarge.. — Alors, qu'est-ce qui vous arrête?

Vera. — J'aurais désiré d'abord achever mes études. Pauvre... je veux être capable de gagner ma vie.

Mme Lafarge. — Pourquoi attendre? Vous nous connaissez, vous connaissez Julien... vous savez qu'il respectera dans le mariage ce sentiment d'indépendance et ce souci de dignité auxquels vous conformez tous vos actes. Au contraire, lorsque vous serez affranchie du soin matériel de l'existence, vous n'en poursuivrez que plus facilement vos études. Pardonnez-moi si je me fais pressante; mais je suis vieille, malade, impatiente par conséquent de voir mon fils heureux. Songez donc, quand un garçon honnête et loyal comme lui a le cœur pris, c'est pour toujours. Il va rentrer tout à l'heure; il m'interrogera anxieux. Que faudra-t-il lui dire?

Vera. — Vous lui direz que je suis sa fiancée.

Mme Lafarge. — Ah! ma chère fille, venez m'embrasser,

Vera vient dans les bras de Mme Lafarge et, pendant cette petite scène, muette et touchante, la porte du cabinet s'est ouverte, Guillaume et Charles sont entrés.

Scène VI

VERA, Mme LAFARGE, CHARLES, GUILLAUME

Guillaume. — Eh bien, c'est fini, cette partie?... Qui a gagné?

Mme Lafarge. — C'est moi.

Guillaume. — Ça vous met dans un bel état... Comment êtes-vous quand vous perdez?

Mme Lafarge. — Mais nous n'avons pas joué.

Charles. — Alors, qu'y a-t-il?

Mme Lafarge. — Tu ne devines pas... il y a... il y a, mon cher ami, que nous avons deux enfants.

Guillaume. — A votre âge.

Charles. — Ah! mademoiselle Levanoff... Vera, ma fille! Laissez-moi vous dire combien je suis heureux... je suis très heureux... je ne peux pas vous exprimer.

Guillaume. — Mais n'exprime donc pas... embrasse-la, ça vaudra bien mieux... Après, ce sera à moi. (Charles, en effet, embrasse Vera que Guillaume embrasse à son tour.) Ma chèr e nièce.

Mme Lafarge. — Mais, dans notre joie, nous oublions ma petite Louise... Allons voir si elle va mieux, mademoiselle Levanoff, voulez-vous me conduire auprès d'elle.

Vera. — Mais parfaitement, madame.

Elle aide Mme Lafarge à se lever de son fauteuil, puis lui donne le bras et toutes deux sortent.

Scène VII

CHARLES, GUILLAUME

Charles. — Je pleure comme une bête.

Guillaume. — On pleure comme on peut.

Charles. — C'est plus fort que moi, je suis très ému.

Il se mouche avec bruit.

Guillaume. — Si tu te mouchais.

Charles. — Ah! tu as de la chance, toi, de pouvoir plaisanter.

Guillaume. — Evidemment, je n'ai pas de cœur. Après tout, je ne suis que l'oncle, n'est-ce pas?

Charles. — Tu verras quand tu marieras ta fille. Tu me trouves ridicule.

Guillaume. — Tout à fait ridicule.

Lui-même se mouche avec bruit et s'essuie les yeux.

Charles, le regardant. — Toi aussi.

Guillaume. — Parbleu!

Charles. — Ah! mon vieux Guillaume!

Guillaume. — Mon vieux Charles! Elle est charmante, cette Mlle Levanoff, tout à fait bien, et si différente de Julien. Enfin, c'est pour ça sans doute, qu'ils se sont aimés.

Charles. — Si tu savais combien je suis heureux que tu sois revenu de tes préventions contre elle.

Guillaume. — Oh! je n'ai jamais eu à proprement parler de préventions contre elle... je la trouve seulement un peu mystérieuse, je ne parviens pas toujours à la définir.

Charles. — Mystérieuse, elle est limpide, au contraire.

Guillaume. — Dans le présent, peut-être... mais son passé m'apparaît à travers des brumes que nous n'arrivons pas tout de même à dissiper... et encore, dans le présent, je la vois au milieu d'un entourage dont elle gagnerait beaucoup à être séparée.

Charles. — Je ne suis pas de ton avis; ils se complètent. Ils forment à Paris une petite colonie très curieuse à observer. Vera et son amie Tatiana...

Guillaume. — Celle que nous appelions, là-bas, la fourmi.

Charles. — Oui... toutes les deux mènent, rue Berthollet, dans le quartier des Gobelins, la même existence modeste et studieuse qu'en Suisse l'année dernière. J'ai vu le restaurant où elles prennent leur unique repas... c'est d'une frugalité touchante... j'ai même déjeuné une fois avec elles.

Guillaume. — Une fois... et tu as dû redéjeuner, ici, en rentrant.

Charles. — Naturellement, je n'ai pas vingt ans... et puis, je ne suis pas entraîné. C'est Vera qui subvient à leurs besoins communs, avec la petite pension que lui sert une de ces tantes, depuis que son père ne veut plus entendre parler d'elle.

Guillaume. — Diable! Ça n'est pas pour simplifier les choses.

Charles. — Pourquoi? Vera nous avait loyalement prévenus. Elle est devenue pour son père une étrangère... il défend qu'on prononce même son nom devant lui. Il a donné sa démission de conseiller d'Etat et s'est retiré aux environs de Saint-Pétersbourg, solitaire, taciturne et implacable.

Guillaume. — Peut-être que si Mlle Levanoff y avait mis un peu du sien.

Charles. — Elle est trop fière! Elle ne fera jamais rien pour fléchir son père... elle mourra plutôt sans s'être réconciliée avec lui. Oh! c'est une fille admirable!

Guillaume. — En effet.

Charles. — Mais non... Tu comprends parfaitement ce que je veux dire.

Guillaume. — Comme on voit bien que tu n'a pas de filles! Quoiqu'il en soit, je persiste à trouver que l'autre, la fourmi, à qui l'on prête, et c'est là son moindre défaut...

Charles. — Tu ne connais pas Tatiana!

Guillaume. — Tu la connais, toi?

Charles. — Je la connais... évidemment... c'est le dévouement et l'abnégation incarnés. Il ne faut pas la juger sur l'écorce, qui est un peu rugueuse.

Guillaume. — Bref, une admirable fille, elle aussi, et qui n'a sans doute pas le père qu'elle mérite.

Charles. — Je te demande pardon. Les parents de Tatiana étaient de braves petits marchands d'Odessa. Elle est orpheline. Deux de ses frères sont morts en Sibérie. Elle se jetterait au feu pour Vera qu'elle considère comme sa sœur adoptive et pour Grigoriew, son oracle. Sur un signe de lui, elle s'éloigne, tantôt pour ranimer la propagande qui languit, tantôt pour voler au secours d'un proscrit en détresse. Elle était hier à Zurich, elle est aujourd'hui à Barcelone, demain elle sera à Londres. Elle fait cent lieues pour remettre à quelqu'un qu'elle ne connaît pas une lettre dont elle ignore le contenu. C'est un pigeon voyageur.

GUILLAUME. — Elle me ferait plutôt l'effet d'un bon chien de contrebandier.

CHARLES. — Si tu veux. Elle passe partout : on lui attache au cou un paquet de brochures, des instructions, des subsides, elle les porte à leur adresse, revient, se repose vingt-quatre heures et repart pour la nouvelle destination que Grigoriew lui indique.

GUILLAUME. — Ah ! parlons-en aussi, de celui-là.

CHARLES. — Grigoriew ? Qu'est-ce que tu lui reproches ? D'avoir été condamné à mort ? Est-ce de sa faute ?

GUILLAUME. — Non, c'est de la mienne. Enfin, cet homme qui s'est fait bannir de partout !

CHARLES. — Parce qu'on ne l'a compris nulle part.

GUILLAUME. — Et toi, tu le comprends.

CHARLES. — C'est un homme admirable.

GUILLAUME. — Lui aussi... tous alors. Dis-moi, il vient ici ?

CHARLES. — Quelquefois. Il nous tient sous le charme des soirées entières. Il a vu tant de choses, il a passé dix années de sa vie en prison.

GUILLAUME. — C'est en effet une excellente condition pour voir du pays.

CHARLES. — Il a rattrapé le temps perdu. D'ailleurs, il parle sans forfanterie de ses années de cachot et de carcan.

GUILLAUME. — Où la forfanterie irait-elle se nicher ?

CHARLES. — Il a été dévoré par les rats, le scorbut a pourri ses dents et ses gencives.

GUILLAUME. — Je n'aimerai pas dîner en face de lui.

CHARLES. — Et rien de tout ça ne semble avoir altéré sa santé.

GUILLAUME. — Oh ! pour de la santé, il en a !

CHARLES. — Ni sa bonne humeur. C'est comme un lion qui ne pense plus à sa vermine quand il s'est secoué.

GUILLAUME. — Je pense bien qu'il ne se secoue pas ici.

CHARLES. — Tu peux plaisanter ; mais, si tu l'entendais, tu serais séduit aussi ; il ferait ta conquête, comme il a fait la nôtre ; il a des idées si personnelles... Il y a eu lui une telle force destructive.

GUILLAUME. — Une force créatrice vaudrait mieux.

CHARLES. — C'est comme si tu reprochais à l'entrepreneur de démolition de n'être pas aussi architecte.

GUILLAUME. — C'est plus difficile d'être architecte.

CHARLES. — Un philosophe a dit que toutes les grandes réformes accomplies ont consisté, non pas à faire quelque chose de neuf, mais à défaire quelque chose de vieux

Guillaume. — Mes compliments.

Charles. — Oh ! je sais bien que je ne te convaincrai pas !

Guillaume. — Mais si... mais si... j'ai déjà envie de prendre un marteau et de démolir ce vase ancien.

Charles. — Sois sérieux.

Guillaume. — Commence.

Charles. — Je suis sérieux.

Guillaume. — C'est bien ce qui m'inquiète.

Charles. — On s'instruit beaucoup en écoutant Grigoriew.

Guillaume. — Je m'en aperçois. Et ta femme ?

Charles. — Ma femme ?

Guillaume. — Oui, Clotilde approuve les théories subversives de ce monsieur.

Charles. — Elle en prend et elle en laisse, mais elle l'écoute volontiers... il la distrait. C'est un causeur si original. Tu sais qu'il parle toutes les langues.

Guillaume. — Je sais surtout qu'il ne les a pas dans sa poche. Mais, quand bien même il parlerait toutes les langues, qu'est-ce que ça peut faire à Clotilde qui n'en entend qu'une. Enfin, si j'ai un conseil à te donner, c'est de ne pas recevoir trop souvent cet adorable agitateur et surtout de le prier d'exercer son métier en dehors de chez toi... de chez nous.

Charles. — Agitateur, un métier !

Guillaume. — C'en est un.

Charles. — Peu lucratif en tout cas, Grigoriew est toujours sans le sou.

Guillaume. — A qui le dit-il ?

Charles. — Tu te trompes... il est fier lui aussi, à sa façon.

Guillaume. — A sa façon, oui ; tu parlais tout à l'heure de beau geste, jusqu'ici, je ne lui en ai vu faire qu'un : le geste auguste du tapeur.

Charles. — Les apôtres de tous les temps ont été des tapeurs.

Guillaume. — Le Christ, lui-même, a dit : Tapez, on vous ouvrira.

Charles. — Le but justifie les moyens.

Guillaume. — Les moyens, pas les expédients.

Charles. — Grigoriew n'a jamais eu recours à des expédients.

Guillaume. — Voyons, rappelle-toi, cet argent qu'il emprunta en Suisse, à Julien, soi-disant pour faire revenir de San-Francisco je ne sais quel coreligionnaire politique compromis.

Charles. — Zakharine.

GUILLAUME. — Si tu veux, Eh bien, ce Zakharine n'est jamais revenu.

CHARLES. — Est-ce une raison pour que l'argent ne lui ait pas été envoyé? Je suis sûr, moi, qu'il l'a été... par Vera elle-même. Ah! si quelqu'un eut recours à un expédient, c'est donc ce Zakharine que nous ne connaissons pas, qui nous est indifférent, et non Grigoriew qui mérite toute notre estime.

GUILLAUME. — La tienne suffit.

CHARLES. — Oh! libre à toi de le tenir à distance... il n'est pas susceptible.

GUILLAUME, — Sa main gauche ignore ce que sa main droite a demandé.

Sur ces derniers mots, Joseph est entré.

Scène VIII

CHARLES, GUILLAUME, JOSEPH

CHARLES. — Ah! c'est vous... vous y avez mis le temps.

JOSEPH. — Monsieur m'excusera... je rentre à l'instant seulement... l'hôtel du Caucase, c'est au diable, là-bas, rue Berthollet.

GUILLAUME. — Ça pourrait être plus loin.

CHARLES. — Enfin! vous avez vu M. Grigoriew ?

JOSEPH. — Oui... il était couché.

CHARLES. — Il n'est pas malade?

JOSEPH. — Non... il écrivait dans son lit, bien tranquillement.

CHARLES. — Il avait reçu ma lettre ?

JOSEPH. — Oui, il avait oublié de répondre.

CHARLES. — Enfin, viendra-t-il?

JOSEPH. — Il viendra... il a d'abord hésité. Il a dit : « C'est que j'ai dîné... » mais pour moi, il avait seulement fait mention de dîner.

CHARLES. — Que voulez-vous dire.

JOSEPH. — Dame!... il y avait, à côté de lui, sur une chaise, qu'un reste de pain et de fromage, et une carafe d'eau.

CHARLES. — Bref!

JOSEPH. — Il a dit qu'il allait se lever et qu'il serait là vers six heures.

CHARLES. — C'est bien, allez.

Joseph sort.

Scène IX

CHARLES, GUILLAUME

Un mouvement de silence et d'embarras.

GUILLAUME. — Alors, je vais dîner en face de Grigoriew. Quelle bonne surprise! Pourquoi ne m'as-tu pas dit tout de suite que tu l'avais invité?

CHARLES. — Parce que, d'abord, je n'étais pas sûr qu'il viendrait. Avec lui, on ne sait jamais. Oh! je ne te le donne pas comme un modèle d'exactitude... je reconnais ses défauts comme ses qualités... Je ne suis pas comme toi qui ne lui trouves que des défauts. Alors j'ai eu peur de te contrarier, en te disant que tu dînerais peut-être avec lui.

GUILLAUME. — Il est certain que je m'en serais fort bien dispensé. Tu n'as pas aussi invité la fourmi? (Charles hausse les épaules.) Oh! pendant que tu y étais!

CHARLES. — Tu es injuste.

GUILLAUME. — Mais non, seulement ça m'inquiète, ça me chagrine même de voir avec quelle incroyable facilité tu as adopté ce Grigoriew.

CHARLES. — Mais parce qu'il est l'ami de Mlle Levanoff.

GUILLAUME. — Ça ne suffit pas.

CHARLES. — Et de plus un brave homme, une haute intelligence et un grand cœur.

GUILLAUME. — Que tu sois reconnaissant à Mlle Levanoff de la transformation inespérée qu'elle a déterminée en Clotilde, rien de plus naturel... mais il n'est pas nécessaire que ta reconnaissance s'étende à ce sectaire compromettant.

CHARLES. — Oh! compromettant!

GUILLAUME. — Mais oui. Recevrais-tu de la même façon un Français qui professerait les mêmes doctrines. Vous n'auriez pas assez de domestiques, Clotilde et toi, pour le faire jeter dehors. Au fond, ce qui vous entraîne vers Grigoriew, c'est une curiosité romanesque, la même curiosité qui entraîna d'abord Julien vers Mlle Levanoff.

CHARLES. — Oh! je t'en prie, ne rabaisse pas notre affection à des causes aussi futiles.

GUILLAUME. — Enfin! tu n'en pas moins cessé de revoir un de tes vieux amis. Parce qu'il avait fait partie de la Commune. Seulement, il s'appelait Philippe, il ne s'appelait pas Philippovitch. Grigoriew bénéficie à vos yeux de sa qualité d'étranger... c'est ce qui explique votre flirt avec cet énergumène. Il vous apporte un frisson nouveau. Il arrive précédé et suiv de légendes. Anarchiste déclaré, il vous eût semblé passible du bagne; nihiliste en tournée, vous le jugez digne de tous les respects. Vous l'admirez, parce qu'il vient de loin, et aussi parce que vous jugez égoïstement sa propagande, plus inquiétante pour son pays que pour le vôtre.

CHARLES. — Une propagande dont le but est d'élever les esprits au devoir social et les cœurs à la pitié n'est inquiétante pour aucun pays.

GUILLAUME. — La pitié russe! tu donnes aussi dans ce snobisme, dans cette mode qui passera comme toutes les modes.

CHARLES. — Oui, mon ami, je donne dans ce snobisme, la pitié. Je crois que ce n'est pas une mode comme tu le prétends, ni un tic national; mais un sentiment universel, seulement un peu plus développé ici que là, et qu'il est bon de fortifier partout, car demander un peu plus de pitié, n'est-ce pas demander un peu plus de justice?

GUILLAUME. — Nous sommes d'accord; mais il n'est pas nécessaire de venir du Nord, en mendiant, pour apporter ces idées-là dans sa besace. Autant que toi, je suis accessible à la pitié, même à la pitié russe. Comme toi, j'ai admiré ces jeunes gens de la bourgeoisie, ces étudiants et ces étudiantes qui se mêlaient au peuple pour l'instruire et le préparer à faire pacifiquement la révolution économique. Mais tu n'ignores pas que ce mouvement, admirable dans les commencements, a changé de caractère et qu'il est devenu le terrorisme, et tu oublies trop que Grigoriew a été et est sans doute encore affilié à ces sociétés secrètes qui font dérailler les trains, minent les palais, condamnent à mort, et exécutent ceux dont la mission est de maintenir l'ordre et de faire respecter les lois, et tu changeras certainement d'avis sur ce compte, le jour où cet intéressant camarade déposera pour carte de visite P. P. C. quelque infernal engin à ta porte et vous fera tous sauter... pas de joie. Ce jour-là, ma pitié changera d'objet... elle sera du côté des victimes, même si ces victimes ont mérité leur sort, en étant d'abord des complices.

CHARLES. — Des complices, voilà bien tes exagérations.

GUILLAUME. — Il n'y a pourtant pas d'autre mot.

CHARLES. — Des complices! Tu es stupide.

GUILLAUME — Gare la bombe... tu es idiot.

CHARLES. — Tu es mon frère, tiens!...

GUILLAUME. — Mais oui, grande bête. Que fraternité bien ordonnée commence donc entre nous!

Ils se pressent les mains, tandis que, sur ces derniers mots,
Julien est entré.

Scène X

CHARLES, GUILLAUME, JULIEN, Mme LAFARGE,

VERA, GEORGETTE et LOUISE

GUILLAUME. — Ah! voilà le docteur! Bonjour, docteur.

JULIEN. — Bonjour, mon oncle; bonjour, père.

GUILLAUME. — Cette thèse, ça s'est bien passé?

JULIEN. — Très bien, très bien. (Ici quelques détails sur la thèse.) Mais où donc sont ces dames?

GUILLAUME. — Ah! tu cherches Mlle Levanoff.

JULIEN. — Je demande où est mère?

CHARLES. — La voici.

En effet, par la baie du petit salon, Mme Lafarge apparaît entre ses deux nièces, Georgette et Louise... Vera les suit.

Mme LAFARGE. — Hé bien, ce docteur... il faut aller au-devant de lui.

JULIEN. — Bonjour, mère.

Mme LAFARGE. — Bonjour, mon enfant.

JULIEN, à Mlle Levanoff. — Bonjour, mademoiselle.

VERA. — Bonjour, Julien.

LOUISE, mettant un petit paquet dans les mains de son cousin. — Tiens, Julien.

JULIEN. — Qu'est-ce que c'est?

GEORGETTE. — Regarde.

Julien défait le paquet... Ce sont des cartes de visite.

JULIEN, lisant. — *Docteur Julien Lafarge... ancien interne des hôpitaux...* Ah! c'est gentil, ça, ma petite Louise... très gentil... Je te remercie. Eh bien, qu'est-ce que tu as? Tu pleures?

LOUISE. — Oui... non... ne fais pas attention... C'est l'émotion, la joie... je ne sais pas.

GUILLAUME, à Julien. — Enfin, tu as des cartes de visite, c'est l'essentiel. Quant à la clientèle, elle sait ce qui lui reste à faire.

CHARLES. — Espérons qu'elle ne se fera pas tirer l'oreille.

GUILLAUME. — Qu'elle tire la langue, c'est tout ce qu'on lui demande. Cette petite fête de famille vous étonne, mademoiselle?

VERA. — Non, pourquoi?

GEORGETTE. — Mlle Levanoff nous trouve un peu ridicules.

VERA. — Pas du tout, mademoiselle, un bonheur mêlé de larmes n'est jamais ridicule.

GEORGETTE. — C'est que vous avez un petit sourire.

VERA. — Vous vous trompez... soyez assurée que je partage votre joie à tous.

GEORGETTE. — C'est en dedans, alors.

VERA. — En dedans, si vous voulez.

CHARLES. — Eh bien, nous autres, c'est en dehors... nous sommes expansifs.

GUILLAUME. — Car une thèse, c'est une fête pour des

parents, pour des amis. N'est-ce pas la même chose en Russie?

Vera. — C'est plus calme... dans notre milieu du moins. Et puis, si, par suite de circonstances improbables, Julien n'avait pas été reçu docteur, vous seriez tristes, abattus.

Charles. — Naturellement.

Vera. — Et, pourtant, ce serait le même homme; il n'en aurait pas moins travaillé. C'est un titre qui le transforme, pour ainsi dire à vos yeux.

Charles. — Oh! un titre. non... C'est plutôt une consécration dont nous nous réjouissons.

Guillaume. — Et cette consécration, mademoiselle, vous-même, ne la recherchez-vous pas? Les études que vous faites...

> Ils continuent de causer tous trois, pendant que Georgette et Louise se sont éloignées, ainsi que Julien et sa mère, formant deux petits groupes aux côtés opposés du salon.

Louise, à Georgette. — Est-ce bête, hein? Je ne sais pas ce qui m'a pris.

Georgette. — Je le sais bien, moi.

Louise. — Non, c'est fini. Ma migraine s'est même dissipée.

Georgette. — C'est le premier succès de Julien comme médecin. Je ne lui en fais pas mon compliment.

Louise. — Georgette!

Georgette. — Non! c'est plus fort que moi.

> Elles continuent de causer à voix basse, tandis qu'on entend entre Julien et sa mère cette petite conversation à mi-voix.

Julien. — Ah! mère, comment te remercier... comme tu es gentille... comme tu es bonne. Alors, c'est vrai, elle consent.

Mme Lafarge. — Demande-le-lui. (Haut.) Dites-moi, Guillaume, vos malles doivent être défaites; si nous allions voir ou... toucher les jolies choses que vous nous avez rapportées.

Guillaume. — Mais certainement.

> Il vient chercher Mme Lafarge.

Mme Lafarge. — Venez-vous, mesdemoiselles.

Georgette. — Oui, ma tante, nous te suivons.

> Mme Lafarge, Charles, Guillaume, Georgette et Louise sortent laissant Vera et Julien seuls.

Scène XI

VERA, JULIEN

Julien. — Ma chère Vera... ma chère Vera... alors ma mère vous a parlé.

Vera. — Oui.

Julien. — C'est donc vrai? Vous censentez à être ma femme?

Vera. — Oui, Julien.

Julien. — Elle me l'a dit, vous me le dites et, pourtant, je ne peux pas le croire.

Vera. — Pourquoi? Il faut le croire... vous voyez bien que, par familiale complicité, on nous a laissés seuls.

Julien. — Comme vous dites ça!... D'abord, ce n'est pas la première fois que nous sommes seuls.

Vera. — Non, mais aujourd'hui, ça a une signification.

Julien. — Vous le regrettez?

Vera. — Je ne le regrette pas; seulement, c'est cette discrétion un peu éclatante qui m'amuse. Tout à coup, d'une minute à l'autre, on nous traite en fiancés.

Julien. — C'est tout naturel... Ne le sommes-nous pas? Ah! Vera, Vera, vous vous étonnez de bien des choses. Voyez-vous, il faut accepter nos mœurs un peu bourgeoise... au fond, elles sont un peu touchantes. Et puis, par cela seul que notre mariage est décidé, certainement, il y a quelque chose de changé. Songez-donc! ma mère est si heureuse que vous deveniez sa fille... elle vous a si vite adoptée. Pauvre femme, elle était rayonnante... Je ne l'avais jamais vue ainsi; elle vous aime tant! Je devrais même être jaloux que son affection ait eu raison de vos hésitations, de vos scrupules que mon amour n'avait pas su vaincre; mais je suis trop heureux, ma chère Vera, pour prendre ombrage de quoi que ce soit. Je suis heureux d'un bonheur que je voudrais crier... je vous aime, je vous adore. Oh! si, croyez-moi, il y a quelque chose de changé. Si je vous disais que je me sens un autre homme.

Vera, souriant. — Mais non, vous êtes toujours le même.

Julien. — Mais si, je sens en moi une volonté, une énergie inconnue. (Dans sa joie, il saute par-dessus une chaise.) Je me sens surtout plus sérieux.

Vera. — Vous voulez dire plus léger.

Julien. — Non, Vera, ne riez plus... En ce moment, je suis un peu fou, évidemment... c'est bien excusable... tous les amoureux me comprendront. J'avais fait tant de projets dont la réalisation m'apparaissait lointaine et peut-être impossible, et voilà qu'elle est possible et prochaine. Déjà j'organise notre vie nouvelle. D'abord, il faut que vous veniez dîner plus souvent ici... Il faut que vous veniez tous les jours. D'ailleurs, maman a l'intention de vous le demander, je vous en prie, faites ce plaisir... à maman.

Vera. — Vous me rappelez une petite fille gourmande que j'ai connue autrefois. Quand nous passions devant un pâtissier, elle s'arrêtait et me disait en me montrant des gâteaux : « Tiens ! voilà ceux que maman aime le mieux· » Je lui demandais : « Et toi? » Elle me répondait : « Moi aussi ! »

Julien. — Vous devez être si mal dans cette affreuse pension de la rue Berthollet.

Vera. — Mais non, j'y suis en famille aussi. C'est là, en arrivant à Paris, toutes dépaysées, que nous avons trouvé, Tatiana et moi, nos premiers amis et nos premiers guides.

Julien. — Vous en avez eu d'autres, Vera.

Vera. — Sans doute, et je serais une ingrate, si j'oubliais la respectueuse protection dont vous m'avez entourée, l'accueil cordial et délicat que j'ai trouvé dans votre famille; mais je serais non moins ingrate, si j'abandonnais tout d'un coup mes amis dans leur affreuse pension de la rue Berthollet, comme vous dites. En effet, il y a quelque chose de changé, puisque, déjà, vous me demandez...

Julien. — Comprenez-moi bien, ma chère Vera, je ne vous demande pas de renoncer à vos amis.

Vera. — D'y renoncer, non... mais de les... comment dites-vous? répandre, éparpiller...

Julien. — Ah! Semer.

Vera. — Oui, de les semer.

Julien. — Non plus; mais il faudra bien que Tatiana se fasse à l'idée de prendre ses repas sans vous; quand nous serons mariés, il n'est pas probable que son couvert soit mis à notre table.

Vera. — Pourquoi donc ?

Julien. — Oh! moi, je l'y verrais avec plaisir; mais elle ne viendra pas... Je sens en elle une source inimitié contre moi; on dirait qu'elle me reproche de vous dérober non seulement à son affection, mais encore à je ne sais quelle mission qui vous serait réservée.

Vera. — Vous la jugez mal... sur les apparences; elle vaut mieux que cela.

Julien. — Vous lui direz que nous nous marions.

Vera. — Certainement.

Julien. — Dès ce soir.

Vera. — Non, pas dès ce soir, puisqu'elle est à Barcelone.

Julien. — Ah! c'est vrai.

Vera. — Mais quand je la reverrai.

Julien. — Vous aurez une scène.

Vera. — Je ne suis pas de celles à qui l'ont fait des scènes... je suis libre de mes actes.

JULIEN. — Je sais bien... je plaisantais... je plaisantais. Il est bien entendu que, lorsque nous serons mariés, vous verrez vos amis chez eux ou chez nous, tant que vous voudrez. Et puis, il faudra que nous choisissions un appartement.

VERA. — Vous vous occuperez de ça... parce que, moi...

JULIEN. — Un appartement... ça se choisit ensemble.

VERA. — C'est une loi ?

JULIEN. — C'est un usage, une coutume... Vera.

VERA. — Quoi ?

JULIEN. — Vous m'aimez ?

VERA. — Voyons, Julien, si je ne vous aimais pas; tout ce que nous disons là serait bien inutile.

JULIEN. — C'est vrai... Où le choisirons-nous ?

VERA. — Quoi donc ?

JULIEN. — Cet appartement.

VERA. — Où vous voudrez.

JULIEN. — Où vous voudrez.

VERA. — D'ailleurs, nous avons le temps.

JULIEN. — Pas tant que ça... Dites-moi, nous n'attendrons pas que vous ayez terminé vos études pour nous marier.

VERA. — Non; mais j'ai l'intention de les continuer quand nous serons mariés.

JULIEN. — C'est entendu... rien ne vous en empêchera... rien ne vous en empêchera.

VERA. — Mais je ne veux pas les continuer par distraction comme vos cousines jouent du piano, brodent ou peignent sur porcelaine.

JULIEN. — Non, non, vous les continuerez sérieusement... Je serai le docteur et vous la doctoresse... c'est un vers... bien que le diplôme que vous obtiendrez vous conférera des droits que vous n'aurez pas besoin d'exercer.

VERA. — Parce que ?

JULIEN. — Parce que j'espère bien parvenir seul à vous faire une existence assez facile, assez large pour rendre votre assistance inutile.

VERA. — Ça me surprend de vous entendre parler de la sorte... Vous savez bien que ce n'est pas ainsi que je l'entends.

JULIEN. — Oui, je connais vos idées là-dessus. La femme, dans le mariage, doit être matériellement indépendante. Vous attachez une grande importance à cette question-là.

VERA. — Une très grande importance, Julien.

JULIEN. — Ne vous assombrissez pas... Vous ferez ce que vous voudrez, c'est bien simple. En tout cas, vous aurez toujours une part et la meilleure dans mes travaux; vous serez une collaboratrice intelligente, précieuse... et adorée. Vera, nous serons très heureux. Le croyez-vous au moins.

VERA. — Oui.

JULIEN. — Vous m'aimez?

VERA. — Oui... Mais pourquoi me demandez-vous toujours ça?

JULIEN. — Pour que vous me répondiez, oui.

VERA. — C'est ce que je fais.

JULIEN. — Et je vous le demanderai encore plus d'une fois, pour en être bien sûr.

VERA. — Tout de même, c'est douter de la constance de celle que l'on aime, car, enfin, ses sentiments n'ont pas pu changer d'une minute à l'autre.

JULIEN. — Oh! quand on dit : « Vous m'aimez », on ne doute pas, on affirme presque. Quand on demande : « M'aimez-vous? » c'est plus grave.

VERA. — Vraiment?

JULIEN. — N'en doutez pas. (Un silence.) Oui, il faut nous marier le plus tôt possible; nous sommes au mois de juin, les cours vont cesser; nous pouvons nous marier dans six semaines; pendant les vacances, nous ferons un beau voyage.

VERA. — Parce que c'est aussi la coutume.

JULIEN. — Non, mais pour donner de jolis cadres à notre amour; et, à la rentrée, vous reprendrez vos chères études. Où irons-nous?

VERA. — Où vous voudrez.

JULIEN. — Où vous voudrez; nous irons d'abord en Suisse, dans la pension où je vous ai connue. Ce serait de l'ingratitude de ne pas faire ce pèlerinage. Nous reverrons le petit salon où je vous ai parlé pour la première fois. Vous vous rappelez?

VERA. — Oui, je me rappelle.

JULIEN. — Vous écriviez à Grigoriew. Je suis entré... Comment ai-je osé vous parler?

VERA. — Quel courage.

JULIEN. — Mais oui... c'est que vous n'aviez pas l'air engageant.

VERA. — C'est vrai?

JULIEN. — Oh! non; mais une force invincible m'entraînait vers vous. Vera, vous m'aim... je vous demande pardon, c'est plus fort que moi. Oui, nous reverrons la petite pension et la bonne Mme Dufour, et le joli mouton noir qui donnait, oh! sans méchanceté, de grands coups de sa tête frisée dans le derrière du petit garçon qui jouait avec le sable... L'enfant tombait le nez dans ses pâtés et se relevait en riant... et c'était très familial et très suisse. Nous nous accouderons encore, sur la rustique barrière qui borde les vignes

et les prairies en pente et d'où nous voyions le lac,
aux heures brûlantes du jour, étinceler comme une
coupe de lumière et s'endormir, quand la nuit tombait,
accablé de silence, tandis que sur ses rives s'allu-
maient les feux de Genève et de Lausanne. Oui, nous
reverrons la petite pension, car c'est là que mon amour,
Vera, a pris sa source, timidement d'abord, dans cette
rencontre, jusqu'à devenir, par les affluents de nos
premières causeries, de nos idées communes, de vos
soins dévoués pour ma mère, jusqu'à devenir un grand
et large fleuve qui descend avec confiance vers l'avenir.

Vera. — Vous m'aimez?

Julien. — Oui, Vera, je vous aime.

Sur ces derniers mots, Grigoriew est entré avec Charles et Guillaume.

Scène XII

VERA, JULIEN, GRIGORIEW, CHARLES,
GUILLAUME, Mme LAFARGE, GEORGETTE, LOUISE

Julien. — Tiens ! Grigoriew.

Grigoriew. — Bonjour, Julien... bonjour, Vera... j'arrive un peu tôt pour dîner; d'ailleurs, j'avais complètement oublié que j'étais invité... Votre domestique est
venu heureusement me le rappeler, mais de toute
façon je serais venu, car je savais trouver ici Vera et,
justement, après le départ de ce domestique (A Vera),
j'ai appris une nouvelle qui vous intéresse.

Vera. — Une bonne nouvelle?

Grigoriew. — Une nouvelle. Zakharine a enfin donné
signe de vie. Il a eu des histoires qu'il nous racontera;
et il est pour le moment en Angleterre.

Vera. — Ah! Eh bien ?

Grigoriew. — Comme il y est plutôt mal, il revient
en France. Il sera à Paris la semaine prochaine. Je
viens d'en être informé. J'ai retenu pour lui une chambre
à notre hôtel.

Vera. — Vous avez bien fait.

Charles, à son frère. — Là, qu'est-ce que je te disais ?
(A Grigoriew.) Imaginez-vous que mon frère soupçonnait
Zakharine. Au fait, dis toi-même de quoi tu le soup-
çonnais.

Guillaume. — Je ne le soupçonnais de rien du tout.
Je m'étonnais simplement qu'il vous ait fait faux bond,
en quelque sorte.

Grigoriew. — C'est une chose dont il ne faut jamais
s'étonner de notre part.

Guillaume. — Est-ce que Zakharine n'a pas contribué
à votre évasion?

Grigoriew. — Lui? Non... vous confondez; il a été
seulement emprisonné avec celui qui a préparé cette
évasion, Boglowsky.

GUILLAUME. — Vous avez beaucoup connu le prince Boglowsky.

GRIGORIEW. — Intimement.

GUILLAUME. — C'est vrai. On ne saurait faire que pour un ami très cher ce qu'il a fait pour vous.

GRIGORIEW. — Je l'aime pour les services qu'il a rendus à la Cause et non pour ce que je lui dois en particulier.

GUILLAUME. — Cependant, si la reconnaissance n'est pas un vain mot...

GRIGORIEW. — C'est un vain mot. La reconnaissance dégrade l'homme. Herzen a dit avec raison qu'elle dispose l'homme à l'esclavage et qu'elle est un principe d'inégalité.

GUILLAUME. — Quel homme était le prince Boglowsky.

GRIGORIEW. — Un cœur loyal, une énergie indomptable. Des hommes comme lui, il n'y en a pas beaucoup. Nous avons fait une grande perte en le perdant.

GUILLAUME. — Quand je me rappelle les conditions singulières de son mariage avec Mlle Levanoff.

GRIGORIEW. — Singulières?

GUILLAUME. — Dame! que deux êtres jeunes et beaux comme le prince et sa fiancée, se quittent le soir même de leurs noces, et s'en aillent, chacun de son côté, sans retourner la tête, vous ne trouvez pas ça héroïque, surhumain, vous?

GRIGORIEW. — Ma foi, c'est une question que je ne me suis jamais posée... Ces choses-là ont si peu d'importance.

GUILLAUME. — Pour vous, peut-être, mais...

GRIGORIEW. — Voilà bien les Français, ils ne pensent qu'à ça... le coq gaulois, l'alouette!

Il remonte en riant.

JULIEN. — Je suis ravi que Grigoriew dine aujourd'hui à la maison; c'est un homme que j'aime tant... et que j'admire.

VERA. — Il vous rend bien la sympathie que vous avez pour lui.

JULIEN. — Comment ne lui serais-je pas reconnaissant de sa cordialité. Je suis sûr qu'il acceptera notre union comme un événement heureux.

VERA. — Ou comme un incident négligeable. Grigoriew accepte ainsi beaucoup de choses. Il a sur la vie des idées simples, primitives.

Mme LAFARGE. — Mademoiselle Levanoff venez auprès de moi.

Grigoriew descend vers Julien. Vera va auprès de Mme Lafarge.

GRIGORIEW. — Ah! ça on ne te voit plus.

JULIEN. — J'ai été très occupé.

GRIGORIEW. — Moi aussi... une campagne à organiser.

JULIEN, riant. — Ah! vous préparez une campagne!

GRIGORIEW. — Pourquoi ris-tu? Il n'y a pas de quoi.

JULIEN. — Excusez-moi, Grigoriew... ce n'est pas pour ça que je ris. Je ris parce que je suis content.

GRIGORIEW. — Je pense bien que ce n'est pas parce que tu as mal aux dents.

JULIEN. — Quel drôle d'homme vous faites!

GRIGORIEW. — Tu peux me tutoyer.

JULIEN. — Je vous demande pardon; c'est indépendant de ma bonne volonté... je ne peux pas.

GRIGORIEW. — Ça viendra.

JULIEN. — Oui il m'arrive aujourd'hui un grand bonheur... un grand bonheur... et j'ai hâte de vous l'annoncer.

GRIGORIEW. — Quoi? Tu as sauvé un malade?

JULIEN, haussant les épaules. — Il s'ahit bien de ça... Grigoriew, bientôt Mᴵˡᵉ Lavanoff sera ma femme.

GRIGORIEW. — Ah! Eh bien, moi, j'organise une campagne. Je prépare une série de conférences importantes. Il faut même que je profite de la rencontre de ton oncle pour lui demander, sur le travail dans les usines, des renseignements qui me seraient utiles.

JULIEN. — Il sera enchanté de vous les fournir,

Grigoriew et Julien remontent vers Charles et Guillaume.

Mᵐᵉ LAFARGE. — Louise, tu es là?

LOUISE. — Oui, ma tante.

Mᵈᵉ LAFARGE. — Le thé, n'est-ce pas, ma chérie? Sonne Joseph, veux-tu?

CHARLES, à Grigoriew. — Quand le domestique m'a dit qu'il vous avait trouvé couché, j'ai craint que vous ne fussiez souffrant.

GRIGORIEW. — Je n'ai jamais été malade.

CHARLES. — Même en prison?

GRIGORIEW. — Oh! des bobos, rien du tout. Quand la tête va, tout va. Si votre domestique m'a trouvé au lit, à trois heures de l'après-midi, c'est parce que je travaillais.

GUILLAUME. — Ah!

LOUISE, à Joseph qui paraît. — Le thé, Joseph.

JOSEPH — Oui, mademoiselle.

Il sort..

GRIGORIEW. — Oui, je ne parle bien que debout; mais je n'écris bien que couché. Quand les idées me viennent, je me couche donc. Le traversin est un excellent pupitre; les genoux aussi. J'alterne. Quand j'ai fini, je quitte mon lit et je marche... ou bien, je soulève des poids, pour rétablir la circulation du sang.

GUILLAUME. — C'est une méthode de travail assez

peu commune.

GRIGORIEW. — Maintenant, quand je dis que j'écris bien... je m'expose à la protestation de Vera et de Tatiana, qui recopient ordinairement mes grimoires.

VERA. — C'est vrai qui'il faut y être habitué, pour les déchiffrer.

JULIEN. — Moi, j'ai essayé, je n'ai pas pu.

GRIGORIEW. — Eh bien, on te donnera les épreuves à corriger.

Il va allumer une cigarette à la cigarette de Vera.

GUILLAUME, à Julien. — Ah ça, je ne me trompe pas, il te tutoie?

JULIEN. — C'est chez lui une familiarité naturelle. Il se figure m'avoir vu tout petit. C'est un cœur excellent.

OUILLAUME. — Un cœur sur la main.

Grigoriew est remonté auprès de Mme Lafarge.

Mme LAFARGE. — Mlle Levanoff et Mlle Tatiana sont vos disciples préférés.

GRIGORIEW. — Oui, madame... Je les considère comme mes deux filles, Tatiana étant orpheline et Vera ayant un père qui la renie.

Mme LAFARGE. — Exilé, privé de famille, vous vous en êtes refait une. C'est ce que je dis toujours à ceux qui vous représentent comme un destructeur des liens les plus sacrés.

GRIGORIEW. — Le fait est que nous nous appliquons beaucoup moins à détruire ces liens qu'à les desserrer.

Mme LAFARGE. — Enfin, quelqu'un est-il plus à plaindre que vous? Banni du pays où vous aviez vos affections, où reposent vos parents, vos amis!

GRIGORIEW. — Oh! s'il m'arrive parfois de souhaiter revoir mon pays, c'est pour y retrouver des vivants plutôt que des morts.

Mme LAFARGE. — Oh! monsieur Grigoriew, pouvez-vous parler ainsi de ceux qui nous ont fait ce que nous sommes.

GRIGORIEW. — On ne vit pas avec les morts. Nous n'avons que des devoirs d'humanité à remplir. La pierre des tombeaux est encore un boulet rivé à nos pieds. Pas plus cette chaîne-là qu'une autre!

Mme LAFARGE. — Taisez-vous, affreux libre-penseur que vous êtes.

GRIGORIEW. — Oh! vous vous exagérez beaucoup les dangers de la libre-pensée. C'est la libre arrière-pensée seulement qui est redoutable.

Cependant Joseph a apporté le thé, samovar, sandwiches au caviar, etc.

GUILLAUME. — Ah! vous faites le thé à la russe,

maintenant ?

CHARLES. — Il est bien meilleur.

GUILLAUME. — On le dit.

CHARLES. — C'est comme les sandwiches... au caviar...
un régal !

Joseph pose le plateau sur la table. Louise se lève pour servir
le thé, à sa tante d'abord, puis à Vera, puis à son oncle, etc.,
pendant la conversation suivante :

GRIGORIEW, revenant vers Guillaume. — Puisque j'ai l'avan-
tage de vous rencontrer, monsieur, je ne serais pas
fâché de vous soumettre une brochure que je viens
justement de publier. (Il fouille dans ses poches et en sort,
l'une après l'autre, maintes petites brochures qu'il dépose sur la table.)
Ah ça, qu'en ai-je fait ?

GUILLAUME. — Il manque un volume dans votre
bibliothèque ?

GRIGORIEW. — Vous dites bien... une petite bibliothèque circulante... Ah ! elle est restée dans la poche
de mon pardessus... Attendez.

Il sort.

CHARLES, quand Grigoriew est sorti, à Julien, en lui montrant
les brochures. — Veille à ce qu'il n'en laisse traîner aucune
ici, hein ?

GUILLAUME. — Pourquoi ?

CHARLES. — Les domestiques pourraient les lire et
ça n'est pas nécessaire, tu comprends.

GUILLAUME. — Ça me fait plaisir de voir que tu t'en
tiens à l'anarchie théorique... tu n'es pas le seul, va.

GEORGETTE. — Mon oncle a raison. Notre petit père
Grigoriew est très compromettant. Sommes-nous sûrs
du *drovnick?* (1) Cet homme peut parler, et alors,
attendons-nous à voir entrer chez nous, une nuit, le
pristav (2) suivi des *gorodowi* (3); on fouille dans vos
papiers, on nous colle dans un *droskhy* (4) et fouette
iskowihsk (5) ! On nous fourre tous en prison... Après
m'avoir cassé deux dents, comme à la fourmi. Charmante soirée ! Que dirais-tu de ça, Julien Lafargewitch,
mon petit pigeon ?

---

(1) Portier.
(2) Chef de la police.
(3) Sergents de ville.
(4) Voiture de place.
(5) Cocher.

JULIEN. — Tu te crois sans doute beaucoup d'esprit ;
mais je trouve ta petite tirade absolument déplacée.

GEORGETTE. — Il n'est plus permis de plaisanter
donc, déjà ?

JULIEN. — En tout cas tu te mêles de ce qui ne te

regarde pas et tu ferais beaucoup mieux d'aider ta
sœur.

GEORGETTE. — Excuse-moi : Je n'entends rien à la
manœuvre du samovar.. J'ai une peur bleue de cette
bête-là.

GUILLAUME. — Oh ! la bête, ce n'est pas le samovar.

GEORGETTE. — Merci, papa.

GRIGORIEW, rentrant. — Voilà, j'ai trouvé.

Il tend une brochure à Guillaume.

GUILLAUME, lisant le titre. — « *Le vieux monde régénéré
par l'anarchie* ». Aïe !

GRIGORIEW. — C'est beaucoup plus raisonnable que
vous ne pensez.

GUILLAUME, feuilletant la brochure. — Alors, c'est au
vieux monde... au vieux monde tout entier que vous
en avez... je croyais que votre pays seul...

GRIGORIEW. — Oh ! non, comment voulez-vous ?... Le
plomb de chasse s'éparpille toujours.

Mme LAFARGE. — Je parie que M. Grigoriew a déjà
entrepris de convertir Guillaume.

GUILLAUME, feuilletant toujours la brochure. — En ce cas,
j'engage M. Grigoriew à se dépêcher.

GRIGORIEW. — J'ai le temps.

GUILLAUME. — Croyez-vous ? Moi, du train dont vous
y allez, je ne vous donne pas trois mois avant d'être
expulsé.

Mme LAFARGE. — Ah ! voilà ce qu'il faut éviter !

CHARLES. — D'autant plus que M. Grigoriew est
déjà banni d'un certain nombre de pays.

GUILLAUME. — Et qu'on ne s'imagine pas la position
d'un homme expulsé de la terre.

GRIGORIEW. — D'abord, pourquoi m'expulserait-on ?
Lisez cette brochure : je ne demande qu'une chose,
c'est que le travailleur habite la maison qu'il a cons-
truite, porte les vêtements qu'il a taillés et cousus,
mange les produits de la terre qu'il a cultivée.

GUILLAUME. — Et boive le vin qu'il a tiré.

GRIGORIEW. — Mais sans doute. Tout le mal vient justement de ce que le travailleur compte là-dessus... et
boit de l'eau ! Je vais parcourir les campagnes, en faisant des conférences là-dessus. Seulement c'est le
diable de se faire écouter des paysans, même quand
on leur apporte la bonne parole. Alors, vous ne savez
pas ce que j'ai imaginé ?

GUILLAUME. — Non.

GRIGORIEW. — Au lieu de leur faire payer un léger
droit d'entrée pour ma conférence, c'est moi qui don-
nerai cinquante centimes, par exemple, à chacun de
ceux qui viendront l'écouter. Leur intérêt me répond
de leur présence, comprends-tu... (Se reprenant.) Com-

prenez-vous?

GUILLAUME. — Parfaitement. (A Julien à mi-voix.) Il se figure m'avoir vu tout petit.

GRIGORIEW, à Julien. — N'est-ce pas une excellente idée?

JULIEN. — Oh! vous aurez certainement beaucoup de monde à vos conférences; mais, justement, parce que vous aurez beaucoup de monde, ça vous coûtera cher.

GRIGORIEW. — Ça ne me ruinera pas.

GUILLAUME. — Evidemment. Où trouverez-vous de l'argent?

GRIGORIEW. — Je ferai appel à des concours sympathiques... au vôtre, par exemple.

GUILLAUME. — Diable! Comme vous y allez!

GRIGORIEW. — Rondement.

GUILLAUME. — Je m'en aperçois; mais je décline l'honneur que vous me faites. Voyons, sérieusement, je ne peux pas vous fournir la corde pour me pendre.

GRIGORIEW. — Il n'est pas question de ça.

CHARLES. — Mais non. La tentative, somme toute, est curieuse; il faut voir ce qu'elle produira avant de la condamner. Je suis partisan de toutes les expériences loyales et je participerai à celle-ci, moi, monsieur Grigoriew.

GUILLAUME, à Grigoriew. — Je ne sais pas si vous avez déjà accompli beaucoup de miracles; mais vous venez d'en accomplir un, là, devant mes yeux, en obtenant d'un patron une subvention pour débaucher ses ouvriers.

GRIGORIEW. — Défendez-vous! Je ne vous prends pas en traître. Vous serez invité à mes conférences qui seront contradictoires.

GUILLAUME. — Trop aimable!

GRIGORIEW, à Julien. — Quant à toi, médecin, tu nous fourniras une étude sur les maladies qui déciment les ouvriers. C'est bien le moins que tes études servent à quelque chose.

JULIEN. — Vous êtes impayable.

GUILLAUME, à son frère. — Impayable, non. Car enfin! il l'a encore fait.

CHARLES. — Quoi donc?

GUILLAUME. — Le geste auguste du tapeur.

RIDEAU

ACTE III

Une chambre délabrée à l'hôtel du Caucase, rue Berthollet. Le lit de Grigoriew, à gauche, dans une alcove. Fenêtre, à droite, garnie de rideaux sales. Porte au fond. Désordre et malpropreté. Canapé sur lequel traînent des vêtements, des journaux, des brochures. Il y en a aussi sur la cheminée, sur un rayon de bibliothèque en bois blanc, partout. Petite table encombrée. Autre table-toilette surmontée d'une glace fêlée. Poêle-fourneau sur lequel de l'eau chauffe.

Scène première

VERA, TATIANA, ZAKHARINE

Tatiana écrit à la petite table à droite. Vera est assise dans l'unique fauteuil et Zakharine se tient debout, à côté d'elle... Ils causent.

ZAKHARINE, allant regarder à la fenêtre. — Vous êtes sûre que Grigoriew rentrera tantôt?

VERA. — Certainement, s'il vous l'a promis; mais il peut se faire qu'il rentre tard. Ce matin, après avoir laissé à Tatiana ce paquet d'épreuves à corriger, il lui a dit de les reporter à l'imprimerie, sans attendre son retour.

ZAKHARINE. — C'est ennuyeux. A-t-il seulement couché ici? Son lit n'est pas défait.

VERA. — Il a dû s'étendre dessus tout habillé. Ça lui arrive souvent. Est-ce que vous comptez toujours repartir ce soir, Zakharine?

ZAKHARINE. — Oui. A moins que Grigoriew ne rentre pas. Si j'avais pu prévoir son absence, je l'aurais saisi au passage. Mais je pensais le rencontrer à midi, à votre restaurant.

VERA. — Il aura été retenu quelque part. Je crois bien, d'ailleurs, qu'il est sorti à cause de vous. Il a dit ce matin à Tatiana en s'en allant : « Je vais m'occuper de Zakharine. N'est-ce pas Tatiana?

TATIANA. — Oui.

ZAKHARINE. — Ah! du moment qu'il a dit ça!

VERA, un silence. — J'ai pensé toute la nuit, Zakharine, au récit que vous nous avez fait hier soir. C'est épouvantable!

ZAKHARINE. — Oui.

VERA. — Vous étiez depuis longtemps enfermé dans la forteresse, lorsque la présence de Boglowsky vous y fut révélée?

ZAKHARINE. — Depuis quelque temps, oui.

VERA. — Combien de temps?

ZAKHARINE. — Oh! je ne me rappelle pas exactement. En prison, au secret absolu, n'entendant que le carillon de la cathédrale tous les quarts d'heure, j'ai vite perdu la notion du temps, vous comprenez. J'ai été arrêté à la suite des désordres de l'université de Saint-Pétersbourg... C'était au mois de décembre 1878.

VERA. — Par conséquent, cinq mois avant notre mariage et la découverte de l'imprimerie clandestine du cercle.

ZAKHARINE. — Oui.

VERA. — Quelle impression horrible on doit éprouver, lorsque la porte de la cellule se referme sur vous, et que l'on se sent isolé, enterré pour ainsi dire vivant!

ZAKHARINE. — Oh! ce n'est pas aussi horrible qu'on se l'imagine; je parle de la première impression; parce qu'ensuite, et à la longue, c'est intolérable. Mais c'est une erreur de croire que l'on se sent isolé. Comme je vous le disais, à peine est-on entré qu'on entend des petits coups mystérieux venant, à ce qu'il semble, de l'intérieur du mur. C'est un voisin, un compagnon de souffrance qui veut vous parler dans ce langage des prisons auquel on est bientôt initié. On comprend, tout de suite, si on ne le sait déjà, que les légers coups sont frappés par séries et constituent un alphabet télégraphique. On répond. Presque immédiatement, d'autres coups comme autant d'échos sont frappés contre la brique, en haut, en bas, à droite, à gauche... Ils font le petit bruit, à peine perceptible, des insectes qui rongent le bois. Il y en a aussi qui montent et descendent le long des conduites d'eau. Dès lors, on n'est plus seul. Le mur a des oreilles, une voix...

VERA. — Les pierres et le fer, enseignant la consolation et la pitié aux hommes... quelle leçon!

ZAKHARINE. — Quelle leçon, en effet. Le plus pénible, voyez-vous, c'est d'être privé de livres, de papier, de plumes et d'encre; on en est réduit pour toute distraction, à se promener dans sa cellule, comme un ours en cage. C'est à devenir fou, et je le serais devenu certainement sans ces moyens de communiquer entre nous. Je me familiarisai bientôt avec l'alphabet télégraphique. Je pus répondre aux questions qui m'étaient posées de toutes parts. Je sus non seulement quels étaient mes voisins de cellule, mais encore les prisonniers plus éloignés de moi, et c'est ainsi qu'un jour j'appris que la cellule portant le n° 40, à l'étage supérieur, avait un nouveau locataire et que ce locataire était le prince Boglowsky.

VERA. — Vous vous entreteniez fréquemment avec

lui ?

Zakharine. — Oui, puisqu'il a pu me raçonter son histoire, l'histoire de votre mariage, les circonstances de son arrestation, sa blessure... tout enfin. Ah! il me parlait souvent de vous.

Vera. — Et que disait-il?

Zakharine. — Il me demandait si vous aviez eu le temps de fuir. Pourvu, répétait-il, qu'elle ne tombe pas dans un des pièges qu'on ne manquera pas de lui tendre, pour la faire revenir. Elle ne me sauverait pas et elle se perdrait... tandis que, même en exil, elle peut encore être utile à la cause.

Vera. — Il disait cela?

Zakharine. — Oui. Et puis, il me parlait aussi du mouvement des esprits, de son avenir et des sacrifices qu'il coûterait encore à plusieurs générations avant d'aboutir: il nous répétait la parole de Herzen : « Je ne crois à rien, excepté à une poignée d'hommes, à un petit nombre d'idées et à l'impossibilité d'arrêter le mouvement. »

Vera. — Boglowsky ne parlait jamais de lui?

Zakharine. — Très peu, et quand il en parlait, il ne se faisait pas d'illusions sur son sort. « Ou bien, disait-il, je ne sortirai pas d'ici vivant, ou bien je n'en sortirai que pour rejoindre nos camarades dans les mines. » Hélas! c'est la première de ces prophéties qui devait se réaliser.

Vera. — A quel moment et comment vous êtes-vous aperçu que sa santé s'altérait?

Zakharine. — Vers la fin du mois d'octobre 1879... Oui, les premiers symptômes du mal qui l'a emporté, coïncidèrent avec l'arrivée d'un nouveau détenu que j'ai revu depuis... et qui est mort.

Vera. — Et ce mal, vous ne l'attribuez pas aux suites de sa blessure ?

Zakharine. — Non, c'était bien le mal des prisons, un lent dépérissement, la vie empoisonnée à sa source, se retirant, jour par jour, d'un corps épuisé.

Vera. — Et vous pouviez vous rendre compte de tout ça?

Zakharine. — Oh! oui... nous avons assisté, comme si nous fussions auprès de lui, aux premiers accès d'aliénation mentale d'un autre détenu, Rassikoff. Il s'imaginait que nous voulions tous le dénoncer... d'autres fois, il croyait voir un sac de bêtes immondes et affamées qu'on aurait introduites dans sa cellule pour le faire dévorer. C'était affreux! A la fin, on fut obligé de le transporter dans un asile.

Vera. — Mais Boglowsky ?

Zakharine. — Boglowsky était sujet aussi au vertige, au délire. Il frappait parfois des coups saccadés, inintelligibles... ou bien il restait des journées entières sans correspondre avec nous, ce qui est un mauvais signe. Nous comprenions que Boglowsky, découragé, s'abandonnait et nous respections son silence, nous le sentions condamné.

Vera. — Vous nous avez dit, hier soir, que vous aviez appris sa mort par un des soldats chargés de vous surveiller.

Zakharine. — Oui.

Vera. — Mais n'est-il pas interdit aux soldats d'adresser la parole aux détenus et de leur répondre ?

Zakharine. — Oui, et les soldats observent d'autant plus rigoureusement cette consigne qu'ils sont eux-mêmes étroitement surveillés.

Vera. — Alors, malgré cela, ce soldat vous a parlé ?

Zakharine. — Il n'a pas eu besoin de parler. Un matin, il y avait trop longtemps que Boglowsky n'avait répondu à nos appels ; inquiet, j'ai voulu savoir, à tout prix, à quoi m'en tenir. Je chantai, je fis du bruit afin d'attirer l'attention de la sentinelle qui se promenait dans le corridor. Le volet du judas fut donc poussé, et je vis apparaître, dans l'ouverture, un jeune visage qui me considéra sans colère et plutôt avec bienveillance. « Par pitié, lui dis-je, un mot, un seul. Le numéro 40 est mon frère... A-t-il quitté la forteresse ?... Je ne fondais pas beaucoup d'espoir sur ma tentative. Pourtant, l'homme eut en effet pitié : il me regarda fixement et ses paupières s'abaissèrent. « Vivant ? » Le soldat ne sourcilla pas. « Mort ? » Pour la seconde fois, les paupières s'abaissèrent lentement ; puis le volet se referma. Alors, je me jetai sur mon lit en sanglotant.

Un silence. Vera pleure.

Vera. — Enfin ! pour vous, la mort de Boglowsky n'est pas douteuse ?

Zakharine. — Comment le serait-elle ? J'en ai recueilli la preuve évidente dans le regard de ce jeune soldat, et plus tard comme je vous l'ai dit, dans le convoi dont je faisais partie, plusieurs condamnés politiques me confirmèrent la triste nouvelle.

Vera. — Comment l'avaient-ils apprise, eux ?

Zakharine. — Comme on apprend toujours une mauvaise nouvelle, à travers l'espace et les plus épaisses murailles.

Vera. — Pauvres gens, je les ai peut-être connus. Vous rappelez-vous leurs noms ?

Zakharine. — Oui, c'étaient Nazeieff, Rapolski, Korniloff ; ils sont morts aussi. (Un silence. Il s'approche de la table où écrit Tatiana.) C'est pour Grigoriew que vous travaillez ?

TATIANA. — Oui.

ZAKHARINE. — C'est sans doute les épreuves de sa lettre aux paysans dont il m'a parlé.

TATIANA. — Oui.

ZAKHARINE. — Il n'y a pas moyen d'en avoir la primeur ?

TATIANA, refermant le cahier et se levant. — Non.

ZAKHARINE. — A la bonne heure, voilà des épreuves qui sont bien gardées.

TATIANA. — Quand on me confie quelque chose, c'est ainsi.

ZAKHARINE. — Vous avez raison... un peu brusquement, par exemple, mais vous avez raison. Allons, je vais attendre dans ma chambre le retour de Grigoriew. Quand il rentrera, prévenez-moi.

VERA. — Oui, nous vous préviendrons.

Scène II

VERA, TATIANA, puis JULIEN.

Tatiana, lorsque Zakharine est parti, va chercher une vieille boîte qui contient des photographies qu'elle regarde.

VERA. — Qu'est-ce que tu fais ?

TATIANA. — Je regarde les portraits de tous ces pauvres gens dont l'autre a parlé et qui sont morts.

VERA. — Tu n'as pas été polie avec ce garçon.

TATIANA. — En vérité, il s'agit bien d'être polie.

VERA. — Il te demandait à voir ces épreuves, c'était de la curiosité, sans doute, mais ce n'était pas un crime.

TATIANA. — De la curiosité... oui... Veux-tu que je te dise, Verotchka, le Zakharine ne m'inspire aucune confiance.

VERA. — Pourquoi ?

TATIANA. — Je ne disais rien : mais je l'écoutais attentivement, je t'assure... et bien des choses m'ont paru singulières.

VERA. — Mais quelles choses ?

TATIANA. — Je te les dirai... je te les dirai...

A ce moment on frappe.

VERA. — Entrez !

Et c'est Julien qui entre.

TATIANA, à mi voix. — On avait bien besoin de celui-là.

JULIEN. — Bonjour, Vera, j'ai frappé chez vous... ne recevant pas de réponse, j'ai pensé que vous étiez chez Grigoriew. (A Tatiana.) Bonjour, mademoiselle !

TATIANA, sèchement. — Bonjour !

JULIEN. — Je ne vous dérange pas ?

Vera. — Mais non.

Tatiana. — Je vais porter à l'imprimerie ce premier paquet d'épreuves.

Elle met son chapeau et son manteau.

Julien. — Vous rangiez des photographies?

Vera. — Non, c'est Tatiana qui les dérangeait.

Julien. — Elles sont à Grigoriew?

Vera. — Oh! non. Les portraits le laissent indifférent. Il en possédait un magnifique de son ami Bakounine; savez-vous ce qu'il en avait fait, à Zurich? Un bouche-trou de tuyau de poêle. Oh! Grigoriew n'a le culte d'aucunes reliques.

Julien. — Ce n'est pas comme vous.

Vera. — J'aime ce passé qui nous accompagne. On dirait des pendules et des montres arrêtées aux heures de notre existence que nous voulons nous rappeler.

Julien. — Puisque ces photographies vous appartiennent, il faudra que vous me permettiez de vous offrir un album pour les mettre.

Vera. — Gardez-vous-en bien! C'est ainsi que ces portraits me plaisent, sans cadres, en commun, pêle-mêle.

Julien. — Est-ce drôle! Vous ne voulez jamais rien accepter de moi. J'aurais voulu pourtant vous donner quelque chose... n'importe quoi; mais dont vous vous serviez, que vous ayez constamment sous les yeux.

Tatiana, se dirigeant vers la porte. — Donnez-lui un lorgnon.

Elle sort. Vera sourit.

Scène III

VERA, JULIEN

Julien. — Ça vous fait rire ça?

Vera. — Oh! non, je ne ris pas... je n'ai pas envie de rire, je vous assure.

Julien. — Votre charmante amie ne se radoucit pas; elle a toujours pour moi la même antipathie.

Vera. — Oui.

Julien. — Vous ne le contestez pas, au moins... à la bonne heure. (Il prend des photographies dans la boîte.) C'est des nihilistes qui sont là-dedans?

Vera — Oui, des nihilistes. Pourquoi dites-vous ça d'un air méprisant?

Julien. — Oh! pas du tout. Est-ce que le portrait de ce... de votre... Enfin, est-ce que son portrait est là-dedans?

Vera. — Oui... il y est...

Julien. — Montrez-le moi.

Vera. — C'est inutile.

Julien. — D'ailleurs, vous n'avez même pas besoin de me le montrer... je le découvrirai entre mille. (Il lui présente une photographie.) Tenez, le voilà, Boglowsky.

Vera, très calme. — Non, celui-là c'est Nazeïeff.

Julien, que ce calme de Vera exaspère. — Oh ! naturellement, parbleu ! Comme je ne connais pas non plus Nazeïeff, vous pouvez me dire le nom que vous voulez.

Vera. — Vous auriez mieux fait de laisser ça tranquille.

Julien. — Vous avez raison : il est préférable que je l'ignore complètement. (Un silence.) Qu'est-ce que vous avez ?

Vera. — Rien.

Julien. — Mais si, vous avez quelque chose... Je vous connais bien. D'abord, vous avez pleuré. Pourquoi avez-vous pleuré ? Vera, répondez-moi. Je veux savoir, j'ai le droit de savoir.

Vera. — Je vous en prie, n'insistez pas.

Julien. — Mais si j'insiste. J'arrive ici, heureux d e vous voir... j'ai mille choses à vous dire.

Vera. — Je ne vous empêche pas de me les dire.

Julien. — Vous ne m'encouragez pas non plus. Vous m'accueillez d'une façon glaciale.

Vera. — Oh ! glaciale.

Julien. — Réservée, en tout cas. J'admets que vous soyez gênée devant Tatiana.

Vera. — Comment ça, gênée ?

Julien. — Mais oui, quand elle est là, vous n'êtes plus la même. Vous n'osez pas. non, vous n'osez pas me témoigner de l'affection... on dirait vraiment que vous lui volez quelque chose. Tatiana, parbleu ! ne comprend pas qu'une femme puisse être aimée. Elle considère ça comme une offense pessonnelle. Mais maintenant qu'elle n'est pas là, vous n'avez plus besoin de vous contraindre et, si vous éprouvez quelque plaisir à me voir, vous pouvez bien me le témoigner, au lieu de regarder dans le vide d'un air fatal.

Vera. — Ah ! ce n'est pas dans le vide que je regarde. Si vous saviez, vous ne parleriez pas ainsi.

Julien. — Encore une fois je ne demande qu'à savoir. Parlez.

Vera. — A quoi bon ? Vous souffrirez... vous vous mettrez en colère.

Julien. — Je ne me mettrai pas en colère, je vous le promets et, si je souffre, tant pis pour moi ! Mais tout vaut mieux que le doute, l'incertitude... tout vaux mieux que de vous voir ainsi troublée, de voir que vous pleurez, sans connaître la cause de votre trouble et de vos larmes. Voyons, qu'y a-t-il ?

Vera. — Zakharine est arrivé hier soir.

Julien, avec un mouvement d'impatience. — Ah! c'est juste; Zakharine maintenant!

Vera. — Il est inutile que je continue.

Julien. — Non, non, ne faites pas attention... Zakharine est arrivé hier soir. Eh bien?

Vera. — Il était enfermé dans la même forteresse que Boglowsky.

Julien. — Oui. Et alors?

Vera. — Il nous a raconté ses souffrances, sa maladie, son délire, son agonie, sa mort. Ah! c'est affreux... Alors, vous comprenez...

Julien. — Je comprends. On a parlé de l'arrestation, de l'imprimerie clandestine, des sociétés secrètes, de la propagande, de la cause... de la cause. Un vent de Sibérie a soufflé dans cette chambre, vous apportant la fièvre du danger et la soif du sacrifice. On a remué le passé. Votre cœur, votre pensée sont avec vos chers nihilistes et moi, je ne suis plus rien, rien pour vous.

Vera. — Vous manquez à votre promesse... Vous vous mettez en colère.

Julien. — Ce n'est pas dans notre intimité que vous vivez, mais dans la leur; ceux qui vous défendent contre moi sont légion... Et comment lutterai-je contre ces fantômes?

Vera. — Des fantômes? Des hommes qui ont souffert courageusement, noblement : non, ce ne sont pas des fantômes.

Julien. — Raison de plus!

Vera. — Vous êtes injuste, Julien. Tatiana me reproche souvent de trop me détacher de ce passé; vous me reprochez, vous, d'en être trop préoccupée.

Julien. — Oui, parce qu'il vous suit, il vous presse; il revêt toutes les apparences pour tromper votre nostalgie. Ce que je redoute en lui, c'est son influence sur vous chaque fois que vous la subissez; je vous sens plus distante, plus lointaine.

Vera. — Ce que m'a dit Zakharine m'a plongée dans une tristesse profonde. Vous arrivez, il faudrait que je fusse attentive soudain, joyeuse, transfigurée. Eh bien, non, je ne le peux pas et votre présence, si agréable qu'elle me puisse être, ne me fait pas oublier tout à coup mes affections.

Julien. — Vous n'avez pas besoin de me le dire, je le vois bien. Je vois surtout quelle place... démesurée occupe dans vos affections le prince Boglowsky.

Vera. — Démesurée, pourquoi?

Julien. — Enfin, cet homme que vous avez vu à peine quelques heures.

Vera. — Je ne l'ai pas vu seulement quelques

heures, vous le savez bien. C'est ce que les journaux ont raconté; mais, je vous l'ai dit, je le connaissais avant qu'il demandât ma main; nous nous étions rencontrés chez des amis communs et, entre notre mariage et son arrestation, pendant trois semaines, nous avons vécu dans la plus fraternelle amitié, dans la plus pure intimité... trois semaines remplies par des discussions enthousiastes avec cet être d'intelligence, d'énergie et de bonté. Imaginez un Gregoriew plus jeune... c'est mon maître et je suis son disciple. Quand on a connu de tels hommes on ne les oublie jamais et, en apprenant combien mon ami a souffert, tous mes souvenirs désolés sont avec lui.

JULIEN. — Et loin de moi. Et puis c'est un héros, un martyr. Ah! croyez bien qu'en ce moment je sens toute l'infériorité, toute la honte de n'avoir jamais été compromis dans aucun complot, de n'avoir pas été enfermé dans une forteresse. Que voulez-vous? les rats ne m'ont pas dévoré, moi... le scorbut n'a pas pourri mes gencives. Ah! je n'ai pas de chance; le sort s'est vraiment acharné contre moi. Enfin, il faut se faire une raison.

VERA. — Pourquoi parlez-vous ainsi, Julien... je n'aime pas ce genre d'ironie.

JULIEN. — Moi non plus; mais il y a des instants où je ne suis plus moi-même... votre souvenir, votre douleur pour cet homme m'irritent, me torturent. Je suis jaloux de lui.

VERA. — Ne croyez pas excuser ainsi cette mauvaise humeur... vous savez bien que je ne comprends pas la jalousie.

JULIEN. — Naturellement, vous ne la comprenez pas. Chez vous, un homme et une femme peuvent vivre pendant trois semaines sous le même toit, côte à côte, dans la plus fraternelle amitié, dans la plus pure intimité... Vous êtes exceptionnels, surhumains, invraisemblables, abstraits; mais moi, mon cœur bat, mon sang circule dans mes veines... je ne suis qu'un homme après tout, mais un homme qui vous aime avec tous les tourments de l'amour.

VERA. — Vous mettez l'amour au-dessus de tout, l'amour souverain, l'amour vainqueur, mais l'amour égoïste aussi; il y a pourtant d'autres choses dans la vie. Cet amour, tel que vous le concevez, qui limite nos droits et nos devoirs, n'est pas tout pour moi. Il ne faut pas qu'il y ait de malentendu entre nous. Quand je vous vois ainsi, injuste, violent, amer, je suis effrayée.

JULIEN. — Effrayée de quoi?

VERA. — Mais de tout. Depuis que notre mariage a été décidé, vous avez changé... vous ne vous en apercevez peut-être pas. Vous détestez mes amis.

Julien. — Je ne déteste pas Grigoriew.

Vera. — Vous combattez à chaque instant mes idées. Ce que vous trouviez autrefois admirable vous semble maintenant invraisemblable. Un mari dominateur et ombrageux se dessine avec une netteté inquiétante dans le fiancé que vous êtes. C'est vrai, vous prenez ombrage de tout et, déjà, vous paraissez exercer une surveillance et des droits. Alors, je le répète, c'est inquiétant, parce qu'il y a certaines choses sur lesquelles je ne supporte pas de discussion, ni de contrôle.

Julien. — Oh! je me rends bien compte que je suis insupportable, odieux... je me fais l'effet d'Hernani.

Vera. — Hernani?

Julien. — Oui, vous ne connaissez pas... ce n'est pas un Russe, c'est un Espagnol. Il avait une fiancée idéale, dona Sol, qui était la pureté même et il l'accablait d'outrages. Il l'aimait!

Vera. — Ah!

Julien. — Eperdûment. En venant ici, je n'avais pas l'intention d'être désagréable. Mais, votre accueil... et puis Tatiana, Zakharine, Boglowsky, ces photographies, tout cela m'a fait du mal. Mettez-vous à ma place. J'ai peur que votre cœur, tout votre cœur ne soit avec ces gens-là. Alors, je suis jaloux et je le montre, au risque de vous chagriner, mais si vous croyez que ça m'amuse. Oui, je suis jaloux de Boglowsky... Oh! ce n'est pas beau, n'est-ce pas?

Vera. — C'est surtout incompréhensible.

Julien. — Je sais bien que Boglowsky n'a été pour vous que le moyen de vous affranchir et de servir votre cause. Pourtant je suis jaloux de ce rôle qu'il a joué dans votre vie. Tout ce qui me suggère l'idée d'un partage même fictif me révolte. Et puis, à travers ce que vous m'en dites, je comprends que c'était un homme supérieur et que je ne lui ressemblerai jamais... alors, c'est ce qui me rend agressif et méchant. Vous voyez, je me montre tel que je suis... je m'explique à vous, en toute sincérité... parce que je vous aime et je ne peux pas vous cacher mes sentiments les plus bas... et c'est encore un hommage que je vous rends et dont vous devez être touchée.

Vera. — Ah !

Julien. — Il me semble. Et si je combats parfois vos idées, c'est encore par jalousie.

Vera. — Comment cela ?

Julien. — Mais oui, je suis jaloux de vos idées, parce qu'elles sont plus généreuses que les miennes. Ce n'est pas tout à fait ma faute. Chez vous, à l'heure actuelle, pour toutes les classes, nobles, bourgeois, ouvriers, paysans, toutes les libertés sont à conquérir, tandis qu'il y a cent ans qu'en France nous les avons conquises ou à peu près. Alors la bourgeoisie combattait avec le peuple; alors, elle a eu ses héros et ses martyrs. Aujourd'hui, pour que les bourgeois comme moi, auxquels la Révolution a profité songent à ceux qu'elle a laissés dans le servage, dans la misère et dans l'ombre, il leur faut faire un plus grand effort... comprenez-vous !

Vera. — Oui, je comprends... et c'est très bien que vous vous en rendiez compte. Mais cet effort, le ferez-vous ?

Julien. — Vous m'aiderez.

Vera. — Mon pauvre Julien, vous êtes donc jaloux de tout... Guérirez-vous jamais de cette jalousie?

Julien. — Oui, Vera, c'est vous qui m'en guérirez, lorsque vous m'appartiendrez.

Vera. — J'en doute.

Julien. — Il ne faut pas en douter. Auprès de vous, est-ce que je ne cherche pas à m'améliorer.

Vera. — Vous parlez sérieusement?

Julien. — Très sérieusement... je suis plein de bonne volonté. Tenez, vous trouviez puéril que je vous demande à chaque instant : Vous m'aimez? Eh bien, je ne vous le demande plus.

Vera, souriant. — Vous avez sept ans.

Julien. — C'est l'âge de raison. Mais aujourd'hui, je vous demande gravement et pas machinalement, je vous assure, je vous demande: Ma chère Vera, m'aimez-vous?

Vera. — Oui, Julien, je vous aime.

Julien. — Alors, je vous aimerai comme vous voulez être aimée. Je vous en prie, oubliez ce que je vous ai dit tout à l'heure... j'étais si malheureux.

Vera. — C'est vous-même qui vous rendez malheureux.

Julien. — Je vous demande pardon... j'aurais dû comprendre votre tristesse et la partager et trouver les mots qui consolent.

Vera. — Je ne vous en demande pas tant... mais au moins, un silence respectueux.

Julien. — Oui, vous avez raison. Cependant, Vera, ne regardez pas trop dans le passé, mais dans l'avenir. Grigoriew l'a dit : « On ne vit pas avec les morts. » J'ai hâte qu'ils ne vous disputent plus à moi, et ce qui me rend malheureux, c'est l'impatience de notre bonheur. J'ai hâte de vous avoir à moi, à moi seul. Ah! Vera, mon amour, tu dis que je prétends exercer des droits; mais ne suis-je pas auprès de toi le plus timide des amants? et je n'ose même pas, quand tu me j'abandonnes, serrer trop fort ta chère petite main. (Il l'enlace.) Comment oses-tu dire que l'amour n'est pas tout, alors que ta bouche ignore le baiser, alors que tu t'ignores toi-même, Car tu es une créature d'amour, je le jure. Il y a en toi des tendresses, des émotions, des ardeurs que tu ne soupçonnes pas. Mais je te les révélerai, je saurai te conquérir.

VERA. — Julien... il faut me laisser..

JULIEN. — Vera, tu es dans mes bras et te voilà toute frémissante. Vera, ma chère Vera, tu m'appartiendras bientôt et tu comprendras que l'union intime et profonde de deux êtres, c'est le but et la raison de la vie.

Il prend la tête de Vera dans ses mains et, longuement, l'embrasse sur les lèvres.

VERA, troublée. — Julien ! Julien !

JULIEN. — Ah ! je t'aime comme un fou. Et toi ?

VERA. — Je t'aime !

Grigoriew entre sans frapper.

Scène IV

VERA, JULIEN, GRIGORIEW

JULIEN, surpris. — Ah ! Grigoriew.

GRIGORIEW. — J'ai pourtant frappé... Ai-je frappé ? Peu importe, je n'ai rien vu... et puis, fais donc comme chez moi... (A Vera.) Où est donc Tatiana ?

VERA. — Elle est allée porter un premier paquet d'épreuves à l'imprimerie.

GRIGORIEW. — Et Zakharine ?

VERA. — Il nous attend dans sa chambre, il a dit qu'on le prévienne quand vous rentreriez.

JULIEN. — Je vais vous dire au revoir, ma chère Vera. Avec tout ça, je ne vous ai pas dit le but de ma visite. J'avais fait à ma mère, en partant, une promesse que vous allez tenir.

VERA. — Ah ! laquelle ?

JULIEN. — C'est que nous fixerions ensemble aujourd'hui la date de notre mariage. Je pense que six semaines...

VERA. — J'ai peur que le temps ne vous manque, pour lever certaines difficultés dont vous ne paraissez pas vous douter.

JULIEN. — Nous nous en sommes déjà occupés, mon père et moi, car nous savons que, proscrite par la loi, vous ne pouvez pas vous procurer, dans votre pays, les papiers nécessaires, les pièces indispensables. (Grigoriew rit aux éclats, silencieusement.) Pourquoi riez-vous Grigoriew ?

GRIGORIEW. — Les papiers nécessaires, les pièces indispensables, je ne peux pas te dire le comique qui se dégage pour moi de ces mots-là, surtout quand il s'agit d'un homme et d'une femme qui s'aiment et désirent s'unir.

JULIEN. — Evidemment, mais que voulez-vous y faire? (A Véra.) Pour dresser un acte de notoriété remplaçant (Il regarde Grigoriew) les pièces en question, il suffit de sept témoins certifiant votre identité.

GRIGORIEW. — Sept témoins!

Il rit toujours silencieusement.

JULIEN. — Vous êtes agaçant, Grigoriew. (A Véra.) Il vous est facile de les trouver dans la colonie russe.

GRIGORIEW. — Ne compte pas sur moi, toujours, je t'en préviens.

JULIEN. — Comment ça?

GRIGORIEW. — Non, ne compte pas sur moi pour établir l'identité de la femme que tu aimes... c'est elle et ça suffit.

JULIEN, à Véra. — Sept autres témoins...

GRIGORIEW. — Ça fait quatorze.

JULIEN. — Sept autres témoins attesteront au besoin votre veuvage, s'il vous est également impossible d'avoir l'acte de décès de votre mari. Enfin nous espérons que le maire...

GRIGORIEW. — Le maire!

JULIEN. — Que le maire avec qui nous avons les meilleures relations, réduira les formalités au strict nécessaire. Il est avec la loi des accommodements. Voilà qui est capable, Grigoriew, de vous réconcilier avec elle.

GRIGORIEW. — Que l'on ruse avec la loi, quand elle vous gêne, rien de mieux; mais lui demander protection, lorsqu'on peut s'en passer, c'est légitimer ses exigences et ses entraves. L'homme et la femme qui ont besoin, pour s'unir, du maire et du curé sont des malades imaginaires qui appellent le médecin. Tant pis pour eux si cet étranger leur apporte, en venant, les maladies contagieuses qu'ils n'avaient pas.

JULIEN. — Tout ça est très gentil, Grigoriew, mais vous ne savez pas quelle violence ma mère a déjà dû se faire, pour nous dispenser du mariage religieux. Il y a un an seulement, jamais elle n'y eût consenti. C'est vous, Grigoriew, et vous, aussi, Vera, qui l'avez tout doucement amenée à cette concession... Par exemple, il ne faut lui demander rien de plus.

GRIGORIEW. — Qui sait? Avec le temps, peut-être achèverions-nous sa conversion.

JULIEN. — Avec le temps, Grigoriew, vous en parlez à votre aise! On voit bien que vous n'êtes pas en cause.

Grigoriew. — Les idées ont toujours le temps.

Julien. — Les idées, oui, mais les hommes? Les hommes qui vieillissent et qui meurent sont pressés d'être heureux.

Grigoriew. — Et tu tiens à être heureux dans six semaines... Alors, pourquoi six semaines? (Il se promène dans la chambre, puis revient auprès de Julien, devant lequel il tombe en arrêt.) Ecoute-moi bien, petit, lorsqu'en 1853, à Berne, Wilhelm Vogt, le père de Carl, donna sa fille à un jeune professeur proscrit, il la lui donna en ces termes, devant quelques amis intimes dont j'étais : « Je me » mets en lieu et place du maire et unis pour la vie » ces jeunes gens. Qu'ils soient heureux! Je vous prie » de les considérer comme mariés et de considérer » comme légitimes leurs enfants à venir. » Ce fut la première union libre. Et ça ne manquait pas de noblesse. Ça valait bien en tout cas l'allocution peu écoutée et mal sentie d'un bonhomme en écharpe.

Julien. — Vous savez bien, Grigoriew, que ça ne dépend pas de moi. Parbleu! comme vous, j'aimerais à m'affranchir des préjugés, mais je ne le peux pas. Je dois bon gré, mal gré, m'adapter au cadre dans lequel ma naissance et mon éducation m'ont placé.

Grigoriew. — Tu penses que c'est à la figure à s'adapter au cadre? Moi, je pense exactement le contraire.

Julien. — Quand même vous réussiriez à convaincre mes parents, je n'en resterais pas moins soumis, dans ma profession surtout, à certaines conventions sociales inéluctables. C'est la vie.

Grigoriew. — Non, c'est ta vie. Tu ne parviendras jamais à surmonter le vieil esclave qui est en toi. Tu as le cou pelé du chien de la fable.

Ceci dit, maître Loup s'enfuit et court encore.

Julien. — Courra-t-il longtemps? Mieux vaut le collier que la corde.

Grigoriew. — C'est le collier qui dit ça.

Julien. — Grigoriew, vous êtes préhistorique : vous remontez aux cavernes.

Grigoriew. — Si je remontais aux cavernes, comme tu le dis, je n'aurais pas beaucoup de chemin à faire, car ce ne sont pas les cavernes qui manquent. On les désigne maintenant sous d'autres noms.

Un silence.

Julien. — Je sens bien qu'au fond vous avez raison, Grigoriew, mais les hommes qui pensent comme vous sont rares et je n'ai pas pour père un Wilhelm Vogt.

Grigoriew. — Mais ne suis-je pas devenu le vrai père de Vera? Il m'eût été doux, à moi aussi, de mépriser l'opinion publique et la vindicte légale, en associant votre destinée, ma chère fille, à la destinée d'un gendre non pas selon le monde, mais selon mon esprit réfractaire aux décrets. El c'est par n'importe quel jour comme celui-ci, que, sans apprêts, sans cérémonie, sans cortège, non pas dans le décor banal d'une salle de mariage, mais ici même,... dans cette pauvre chambre, c'est par un jour comme celui-ci, que j'aurais désiré vous unir. Alors, je vous aurais fait asseoir devant moi. (Et, comme obéissant à une suggestion de Grigoriew, Vera et Julien s'assoient.) Vous vous seriez pris simplement la main. (Ils se prennent la main.) Et je vous aurais dit : « Je ne vous demande pas les promesses contenues dans les formules apprises par cœur et que le cœur oublie. Aimez-vous au-dessus des lois. Vivez libres, justes et bons, que votre tendresse l'un pour l'autre soit le foyer d'une affection qui se répande sur tous les êtres, car votre famille est partout où quelqu'un appelle au secours. Souvenez-vous que la terre est couverte de blessés, sur lesquels personne ne se penche, si ce n'est, le plus souvent, pour les dévaliser. Allez vers eux, relevez-les et donnez-leur à boire. Vous êtes, non pas parmi les privilégiés, mais parmi les heureux... faites-vous-le pardonner en travaillant pour ceux qui ne le sont pas. Jurez-vous à vous-même de consacrer votre existence à diminuer le poids des douleurs imméritées qui écrasent le monde. Pour accomplir cette tâche, vous êtes plus forts que vous ne pensez. Séparément, vous pourriez déjà faire beaucoup de bien, et vous êtes deux. Je vous unis au nom de l'amour, parce que nul n'est censé ignorer l'Amour. » Voilà ce que je vous aurais dit ! Mais tu ne veux pas ; que ta volonté soit faite et non la mienne !

JULIEN, très ému. — Ah ! mon cher Grigoriew !

GRIGORIEW. — Allons, petit, pas de défilé à la sacristie... d'autant plus qu'il y manquerait toujours ta famille. Maintenant, tu peux aller la retrouver.

JULIEN. — Vous avez bien hâte de vous débarrasser de moi.

GRIGORIEW. — Tu es bête... J'ai simplement à causer avec un de nos camarades qui est arrivé hier soir.

JULIEN. — Zakharine ?

GRIGORIEW. — Oui... préviens-le donc que je l'attends... C'est la chambre au-dessous de celle-ci.

VERA. — Ce serait plus simple que Julien dise au bureau, en passant, qu'on le prévienne.

GRIGORIEW. — Comme il voudra.

JULIEN. — Alors, à bientôt, Vera, car je vous verrai ce soir, n'est-ce pas ? Vous dînez à la maison. Venez de bonne heure, surtout.

VERA. — Oui, oui... A bientôt, Julien !

JULIEN. — Au revoir! Grigoriew.

GRIGORIEW. — Bonsoir, mon petit.

Julien sort.

Scène V

VERA, GRIGORIEW

VERA. — Alors, Zakharine repart ce soir?

GRIGORIEW. — Oui.

VERA. — Il ne sera pas resté longtemps auprès de nous.

GRIGORIEW. — Nous avons causé une partie de la nuit. Il a eu une excellente idée. Paris n'est pas un champ d'action pour lui. Il a songé à faire de la propagande parmi les populations agricoles de la Galicie très malheureuses et prêtes à recevoir la bonne parole. Il ne demandait que l'argent du voyage... Mon éditeur m'avance cinq cents francs sur mon livre en préparation.

VERA. — On peut se fier à Zakharine?

GRIGORIEW. — Absolument. Il a donné des gages à la cause. Pourquoi me demandez-vous ça?

VERA. — Parce que Tatiana dit qu'il ne lui inspire pas confiance.

GRIGORIEW. — Oh! si vous écoutez Tatiana! Elle voit des mouchards partout. Je parierais qu'elle regarde sous le lit et derrière les rideaux, en entrant dans sa chambre. Pleine de bonne volonté, Tatiana; mais de perspicacité, point.

VERA. — Chut! J'entends Zakharine.

On frappe.

GRIGORIEW. — Entrez!

Scène VI

VERA, GRIGORIEW, ZAKHARINE, puis TATIANA

GRIGORIEW. — Salut, camarade!

ZAKHARINE. — Tu as réussi dans tes démarches?

GRIGORIEW. — Parfaitement.

ZAKHARINE. — Ah! tant mieux.

GRIGORIEW. — Mon éditeur tient à ma disposition cinq cents francs... Tout à l'heure, nous passerons les prendre.

ZAKHARINE. — Oh! trois cents me suffiront. D'ailleurs, j'ai là-bas des amis... J'espère te rembourser dans quelque temps.

GRIGORIEW. — Rembourser! A qui? A moi? Tu te figures donc que cet argent m'appartient? Je l'ai pris dans la circulation, je l'y remets, c'est tout naturel. Dis donc, j'espère bien que tes idées sur la propriété s'inspirent de ces principes-là, autrement il serait bien inutile de te déranger. (Cependant Tatiana est entrée : elle observe Zakharine à la dérobée, Grigoriew poursuit.) Maintenant, tu sais, si tu tiens à restituer, il ne manque pas de camarades sur qui tu pourras passer ton envie.

ZAKHARINE. — Allons! je vais faire mes préparatifs de départ. Au revoir, Vera Levanoff!

VERA. — Au revoir, Zakharine!... Vous nous donnerez de vos nouvelles ?

GRIGORIEW. — Et surtout des nouvelles de ta propagande en langage secret, bien entendu.

ZAKHARINE. — Mais, ne m'as-tu pas dit que vous aviez un nouvel alphabet chiffré, parce que l'autre était brûlé.

GRIGORIEW. — C'est vrai, au fait. Tatiana donne donc à Zakharine le nouvel alphabet.

TATIANA. — Je ne sais pas où il est.

GRIGORIEW. — Comment, tu ne sais pas?... Là, dans le tiroir de la table.

TATIANA, ouvrant sans hâte le tiroir, remue des paperasses et dit. — Non, il n'y est pas.

GRIGORIEW. — Pourtant, il ne peut pas être perdu. Il se sera glissé dans des papiers.

TATIANA. — Le temps de remuer tout ça.

ZAKHARINE. — Et nous devons passer ensemble chez ton éditeur, avant d'aller à la gare.

TATIANA. — Ecoutez, Zakharine... A quelle heure est votre train?

ZAKHARINE. — Six heures vingt.

TATIANA. — Vera et moi, nous allons le chercher cet alphabet, et je vous le porterai directement à la gare.

GRIGORIEW. — Eh bien, c'est ça, petite. Maintenant, partons, nous causerons en route.

ZAKHARINE. — Au revoir, Vera Levanoff! au revoir Tatiana!

TATIANA. — A tout à l'heure !

Scène VII

VERA, TATIANA

TATIANA, à Vera, qui continue de remuer des papiers sur la table. — Ne te donne pas la peine de chercher. Tiens, le voilà l'alphabet.

VERA. — C'est toi qui l'avais? Pourquoi ne l'as-tu pas donné à Zakharine?

TATIANA. — Parce qu'encore une fois le Zakharine ne m'inspire aucune confiance. Il ne dit pas la vérité.

VERA. — Qui te fait croire ça?

TATIANA. — Tout. J'ai réfléchi en route.. j'ai mis de

l'ordre dans mes idées.

Vera. — Et le résultat?

Tatiana. — C'est que les récits que cet homme nous a faits m'ont paru encore plus suspects.

Vera. — Je ne vois pas...

Tatiana. — Tu ne vois pas... D'abord, pour un homme qui a perdu en prison la notion du temps, il a été bien affirmatif, bien précis pour dire que les premiers symptômes du mal qui, selon lui, a emporté Boglowsky, étaient apparus à la fin d'octobre 1879.

Vera. — Il a expliqué comment ces premiers symptômes avaient coïncidé avec l'entrée d'un détenu qu'il avait revu depuis.

Tatiana. — Et qui est mort. Morts aussi les compagnons qui, soi-disant, plus tard, faisaient partie du même convoi que lui. C'est étrange; cet homme-là ne fait parler que des morts.

Vera. — Mais il est vivant, lui!

Tatiana. — Hélas! Et comment les fait-il parler? Précisément, ce qui me porte à croire qu'il ment, ce sont les propos qu'il prête à Boglowsky en ce qui te concerne : « Pourvu qu'elle ait eu le temps de fuir... pourvu qu'elle ne revienne pas... elle ne me sauverait pas et elle se perdrait. »

Vera. — Eh bien?

Tatiana. — Eh bien? c'est un raisonnement extraordinaire. Jamais Boglowsky n'a dit ça, je le jure... C'est si peu conforme à son caractère, lui qui risquait sa liberté et sa vie pour favoriser l'évasion de Grigoriew et venir au secours de tant d'autres. Ce qu'il fit pour ses amis, Boglowsky devait trouver tout naturel que sa femme le fît pour lui.

Vera. — Sa femme!

Tatiana. — Sa camarade, si tu aimes mieux.

Vera. — Boglowsky, malade, pensait sans doute autrement que celui que nous avons connu.

Tatiana. — Allons donc! Les hommes comme ceux-là, tant qu'il leur reste une lueur de raison, sont préservés de ces déchéances. Je n'admets pas qu'un homme décidé et robuste, comme Boglowsky, se soit laissé abattre en si peu de temps.

Vera. — Tu n'admets pas... tu n'admets pas, Tanioucha, songe à tant d'autres, aussi énergiques que lui et que la prison a tués! Quatre murs, c'est déjà le cercueil... A prendre chaque jour, du matin au soir, la mesure de son tombeau, le détenu s'habitue au néant et s'y achemine sans même s'en apercevoir.

Tatiana. — Grigoriew est resté au fond d'une casemate pendant six ans et n'en est sorti, lui, que plus indomptable.

Vera. — Grigoriew est une exception. Rappelle-toi ce que sont devenus tous nos compagnons de propagande. Combien, parmi les plus jeunes, ne sont même pas parvenus au terme de leur détention ? Et ceux dont la faiblesse et le découragement aboutirent aux lâchetés les plus dégradantes.

Tatiana. — Celles dont un Zakharine serait sans doute capable.

Vera. — Pourquoi dis-tu ça ? Une pareille supposition que rien n'autorise est indigne de toi. Aucune trahison de Zakharine n'a payé sa mise en liberté... nous le saurions.

Tatiana. — On ne sait pas tout ; notre curiosité est paresseuse. Crois bien que Zakharine est mieux renseigné que nous.

Vera. — Nous l'avons questionné, dès son arrivée. Ce qu'il nous a dit hier soir et tout à l'heure encore est, hélas ! très clair et très précis. Qu'il se soit trouvé dans la forteresse avec Boglowsky cela n'est pas douteux... il donne des détails...

Tatiana. — Il en donne trop.

Vera. — Je te reconnais bien là, toujours soupçonneuse. Zakharine a parlé aussi devant Grigoriew hier soir et, dans ce qu'il disait, Grigoriew n'a trouvé rien de suspect.

Tatiana. — A-t-il écouté seulement, Grigoriew ? Il était distrait. En ce moment, il ne pense qu'à ses conférences, à sa lettre aux paysans. Tu sais bien comment il est.

Vera. — Voyons, Tanitouche, quel intérêt Zakharine aurait-il à nous induire en erreur ?

Tatiana. — Ah ! ça, c'est ce qu'il faudrait savoir, mais ce n'est pas en restant ici les bras croisés que nous le saurons.

Vera. — Grigoriew a raison ; tu vois la trahison partout.

Tatiana. — Et vous ne la voyez nulle part... vous jugez toutes les âmes d'après la vôtre. Oh ! je ne suis pas aussi intelligente que vous, mais mon instinct m'avertit du danger, mon instinct que rien ne vient distraire ni obscurcir, tandis que toi...

Vera. — Tandis que moi, achève.

Tatiana. — Tu as dans la tête et dans le cœur d'autres préoccupations. Je suis clairvoyante, moi, et je me souviens. Je me souviens des années où tu appartenais tout entière à la cause, Vera, des années si proches et qui sont déjà loin de toi.

Vera. — Tu te trompes, Tatiana, crois-tu donc que je n'y pense pas souvent ?

Tatiana. — Tu n'y penses pas assez souvent ; c'est

le bouquet fané de ta vie. Moi je viens toujours de le
cueillir et ma mémoire en est tout embaumée. C'est
que je rêvais toujours, comme si j'y étais, la maison
des bords de la Néva, au delà des barrières, et les
deux pièces composant le misérable logement où nous
vivions en commun... Ah! la douce existence! Avec
quel empressement et quelle joie nous rentrions dans
notre masure, après quatorze heures de travail à la
fabrique! On ne sentait pas la fatigue, on avait des
ailes! Exercer ses droits est un bien; mais l'âpre vo-
lupté de les conquérir. Ah! celle-là !...

Vera. — Quels droits avons-nous conquis?

Tatiana. — C'était le bon temps, alors! Tu trouvais
succulents nos repas de pain bis, de choux-raves et
de thé. Des jeunes filles de l'aristocratie, que tu avais
rencontrées, l'hiver précédent, au bal, faisaient le ménage, lavaient le plancher, allaient, pieds nus, chercher
de l'eau. Et c'étaient elles, encore, aux réunions du soir,
autour de la grande table de bois blanc, qui donnaient
aux ouvriers leurs premières leçons de lecture, d'arith-
métique et de géographie, tandis qu'un vieux tisserand
apprenait son métier à un étudiant ou à un jeune offi-
cier démissionnaire. Jamais une querelle, jamais une
offense; on se respectait les uns les autres... Chacun
pour tous, tous pour chacun. Quelquefois, tu nous
lisais des fragments de ce roman... traduit du français,
tu sais?

Vera. — *L'Histoire d'un paysan.*

Tatiana. — Oui, la nuit de l'ancien régime et l'aurore
du nouveau. Comme ils t'écoutaient! Comme ils mû-
rissaient pour la propagande !

Vera. — Pour la prison ou pour l'exil. Où sont-ils
maintenant? C'est le désert autour de nous.

Tatiana. — Le désert, Vera? Tu dis le désert! Un
désert peuplé d'ombres, alors. Evoque-les et elles
t'apparaîtront. Réveille-les et aucune d'entre elles ne
sera sourde à ta voix ! Attends, je vais le chercher.
(Elle retire de la vieille boîte en carton des photographies de tous les
formats qu'elle étale sur la table.) Il y a si longtemps qu'elles
dorment que nous les oublions! C'était bien la peine
de les trainer derrière nous, si c'est un chariot de
feuilles mortes, au lieu d'une gerbe d'épis! Tiens!
regarde! C'est toute notre jeunesse qui se lève pour
nous rajeunir! La table, comme autrefois, ne sera pas
assez grande et il va falloir se serrer.

Vera. — Oui, toutes sont là... toutes celles du
cercle... et puis d'autres!

Tatiana. — Fais de la place!... fais de la place!...
Voici les trois sœurs, Eugénie, Marie et Nadine, con-
damnées pour propagande aux travaux forcés dans les

mines où leur mère les rejoignit.

Vera. — Comme elles sont tristes et lasses !

Tatiana. — Tristes et lasses, elles ? Allons donc ! Tu les regardes mal... jamais, au contraire, elles n'ont eu l'air plus vivant et plus résolu qu'aujourd'hui. Voici Olga et Aniouta, du procès des Cinquante ! et Bardine, si ardente, et Barbe Alexandrof, si brave !

Vera. — Voici Jessa, Hélène, Katarina, Prascovia... et Sophie qui était si modeste et si bonne... elle est morte.

Tatiana. — Elle vit ! son cœur n'a fait que changer de poitrine, la preuve, tiens : Vera Zassoulitch qui vengea sur Trepoff l'injure faite à un prisonnier qu'elle ne connaissait pas... et Batouchkowa à qui les gendarmes cassèrent deux dents, comme à moi. Oh ! va, rien ne meurt, rien ne se perd. Voici Zakhimova, qui nous conservait une espérance, en défendant, nuit et jour contre les rats, son enfant à la mamelle. Celle-ci, c'est un autre rongeur, le scorbut qui la dévore ; mais son mal était moins contagieux que ses idées... Et celle-là, tu la reconnais ?

Vera. — Oui, c'est l'Ancienne !

Tatiana. — La princesse qui renonça à ses titres de noblesse, à ses propriétés, à ses biens, à tout pour suivre le décembriste, son mari, dans les mines de Sibérie. Ah ! en voilà une qui ne se serait pas contentée de l'affirmation d'un Zakharine et du signe ne tête de je ne sais quel soldat, pour rayer, sans contrôle, son mari du nombre des vivants.

Vera. — Voilà donc où tu voulais en venir !... Mais en me proposant l'exemple de cette femme admirable, tu oublies que Boglowsky ne fut pas mon mari.

Tatiana. — En vérité, l'excuse généreuse, le noble prétexte ! Que sont devenues ton ardeur et ta foi ? En vain, j'essaye de les ranimer, il est trop tard... tu es perdue pour nous. Devant toutes nos camarades mortes et que je fais ressusciter, tu n'as que des paroles de tristesse et des gestes de découragement. Tu n'oses pas dire : A quoi bon ? Mais l'aveu qui n'est pas sur tes lèvres, je le lisais tout à l'heure dans tes yeux ! Ah ! l'amour de ce Julien t'a fait vraiment tout oublier, tes soins faciles à une vieille bourgeoise aveugle ont désaltéré — il faut croire — la soif de sacrifice... Ces Lafarge, ces étrangers t'ont prise à nous ; tu t'es engourdie à la chaleur de leur foyer, tu t'es endormie dans leur bien-être jusqu'à considérer peut-être la mort de ton mari comme une délivrance !

Vera. — Tatiana !

Tatiana. — Oui, comme une délivrance. S'il en était ainsi, une telle pensée serait déjà de ta part une taahison.

Elle dit ces derniers mots en pleurant.

Véra. — Une trahison... Ah ! tais-toi, tais-toi, c'est affreux ce que tu dis-là... je ne peux pas... je ne veux pas te répondre... Aussi bien, tu es dans un moment d'exaltation qui rend toute discussion impossible... et inutile... Tu n'es pas impartiale... tu combats et tu déteste en Zakharine l'auxiliaire inconscient de Julien... Eh bien, oui, j'aime Julien et, quoi que tu en dises, rien ne m'interdit de l'aimer... on ne vit pas avec les morts. J'ai promis à Julien que je serai sa femme, je me suis engagée à lui parce que j'ai le droit de disposer de moi-même... Après tout, je suis libre.

Tatiana. — Il n'y a de vraiment libres que ceux qui ont renoncé à tout... et tu uses de ta liberté pour tendre les mains à des chaînes nouvelles, mais du moins, tu ne m'entraîneras pas dans ton esclavage. Assez longtemps j'ai été prisonnière dans cette grande ville même où ma voix et mes pas se perdent. Chaque fois que je sors, il me semble que c'est pour faire la promenade hygiénique et réglementaire dans la cour d'une prison et je vois des barreaux à toutes les fenêtres. L'inaction me pèse... tu m'as montré où elle conduit. C'est fini... je veux agir... comprends-tu, agir... nous n'avons plus rien à nous dire... Adieu !

Véra. — Tu pars ?

Tatiana. — Oui... je ne peux pas rester ici... après les paroles prononcées.

Véra. — Je veux les oublier.

Tatiana. — Non, tu ne dois pas les oublier. Je veux au contraire que tu t'en souviennes, car je t'ai dit ce que je pensais. J'aurais pu te le dire d'une façon moins brusque, mais tu sais comme je suis.

Véra. — Je le sais et je te pardonne.

Tatiana. — Non, je veux que tu me pardonnes autrement, que tu me pardonnes mieux, et c'est pour ça que j'ai résolu de partir... D'ailleurs, j'ai une mission à remplir.

Véra. — Une mission ? Que vas-tu faire ?

Tatiana. — Ecoute, Véra... vingt fois, Origoriew m'a envoyée en mission ; je n'ai jamais demandé d'explications quand on ne m'en donnait pas. Estime-moi assez pour ne pas m'interroger ?

Véra. — Mais envers moi, Tanioucha, tu n'es pas tenue à la même discrétion.

Tatiana. — N'insiste pas, je t'en prie. C'est pour mon compte, cette fois, que je vais travailler.

Véra. — Puisque tel est ton désir je ne t'interroge pas... tu est responsable de tes actes devant ta conscience souveraine.

TATIANA. — A quand est fixé ton mariage avec Julien?

VERA. — Dans six semaines.

TATIANA. — Dans six semaines, bien. Si d'ici-là je ne suis pas revenue, fais comme si j'étais morte.

VERA. — Tanioucha, nous avons toujours vécu comme deux sœurs. Un danger, un sacrifice, sera-t-il la première chose que nous ne mettrions pas en commun ?

TATIANA. — J'aime le danger et il n'y a pas de sacrifice de ma part. J'ai à m'acquitter envers toi. Tu m'as toujours donné plus que tu n'as reçu.

VERA. — Tu ne me dois rien.

TATIANA. — Tu m'as révélée à moi-même. Et qu'ai-je fait pour toi en échange?

VERA. — Tu m'as aimée.

TATIANA. — Au revoir, Verotcka ; mais je ne veux pas te quitter sans te laisser un souvenir de moi. Prends ce portrait... C'est celui que j'ai fait faire l'été dernier, tu te rappelles, à cette fête de banlieue que nous traversions ensemble. Je n'ai que cette épreuve. Garde-la sur toi jusqu'à mon retour. Si je ne reviens pas, eh bien, promets-moi de la mettre avec les autres, là, dans le tas.

VERA, l'embrassant en pleurant. — Je te le promets.

Et pendant qu'elle la presse dans ses bras, le rideau tombe.

RIDEAU

ACTE IV

Même décor qu'au deuxième acte.

Scène première

CHARLES, Mme LAFARGE, VERA.

Au lever du rideau, Charles écrit à une table. Vera fait une lecture à Mme Lafarge.

VERA, lisant.

Que mon nom ne soit rien qu'une ombre douce et vaine,
Qu'il ne cause jamais ni l'effroi, ni la peine
Qu'un indigent l'emporte, après m'avoir parlé,
Et le garde longtemps dans son cœur désolé.

Mme LAFARGE. — L'adorable poète que cette femme !

VERA. — Oui, c'est un poète du soir. Ses larmes ont la fraîcheur de la nuit tombante.

Mme LAFARGE. — Vous la comprenez comme moi. Encore une larme de notre Desbordes-Valmore, voulez-vous ?

VERA, lisant.

C'est l'hiver, c'est le soir, près d'un feu dont la flamme,
Eclaire le passé dans le fond de mon âme.
Au milieu du sommeil qui plane autour de toi,
Une forme s'élève, elle est pâle, c'est moi !
C'est moi qui viens poser mon nom sur ta pensée,
Sur ton cœur étonné de me voir encor...

CHARLES. — Je vous demande pardon... Dis-moi, Clotilde, est-ce un faire-part que nous adressons aux Clément ?

Mme LAFARGE. — Oh ! naturellement... tu les connais... ils considéreraient toute autre invitation, comme une injure à leurs sentiments religieux.

CHARLES. — Il faut que je vous explique, ma chère enfant ! Nous avons commandé deux sortes de billets : les uns prient nos amis d'assister à la célébration du mariage à la mairie, le 17 juin prochain ; les autres, que nous enverrons après le mariage, se bornent à un faire-part.

VERA. — Je ne saisis pas bien la raison de cette différence.

CHARLES. — Vous allez comprendre. Beaucoup de persones, dans nos relations, ne nous pardonneraient pas d'avoir consenti au mariage purement civil de Julien. Un simple faire-part arrange tout, en ne mentionnant rien.

VERA. — Vous ne trouvez pas ce subterfuge un peu... pénible ?

Mme LAFARGE. — Si... mais c'est surtout dans l'intérêt de Julien que nous agissons ainsi. Il a déjà une clientèle à ménager.

VERA. — Pourquoi, alors, ne vous en tenez-vous pas à la plus stricte intimité ?

Mme LAFARGE. — Nous ne voulons pas non plus avoir l'air de nous cacher, ce serait indigne de vous.

VERA. — Oh! moi.

Mme LAFARGE. — De vous et de votre famille. Mais, soyez tranquille, nous vous épargnerons la foule et l'apparat d'un grand mariage.

VERA. — Je vous en suis infiniment reconnaissante.

Scène II

CHARLES, Mme LAFARGE, VERA, GEORGETTE, LOUISE, GUILLAUME

Georgette et Louise allant embrasser Charles et Mme Lafarge.

GEORGETTE ET LOUISE. — Bonjour, mon oncle, bonjour, ma tante. (Elles donnent ensuite la main à Vera.) Bonjour, mademoiselle.

Mme LAFARGE. — Vous êtes seules, mes enfants.

GEORGETTE, au moment où Guillaume entre. — Oh! non, ma tante... Père nous accompagne.

Mme LAFARGE. — Et, d'où venez-vous comme ça, tous les trois ?

GUILLAUME. — Vous ne devineriez jamais où mes filles m'ont entrainé? Chez la couturière !

GEORGETTE. à Vera. — C'est que nous voulons faire honneur à Mlle Levanoff.

Mme LAFARGE. — Eh bien! et toi ma Louïse, tu ne dis rien.

GEORGETTE. — Louise ne l'avouera pas, elle est inconsolable.

LOUISE, vivement. — Georgette, je ne veux pas que...

GEORGETTE. — Elle est inconsolable comme moi, d'ailleurs, de ne pas quêter à l'église. C'est le plus beau moment de la cérémonie... avec l'arrivée et la sortie. Ah! les orgues, j'adore les orgues! puis 'ça fait une toilette. Au mariage de Suzanne, l'organiste a joué la marche de *Tannhæuser*. Elle est folle de Wagner.

CHARLES. — C'est le nom de son mari?

GEORGETTE. — Oh! mon oncle.

Mme LAFARGE. — Alors vous avez choisi vos robes.

GEORGETTE. — Louise sera en bleu, avec des idées noires.

LOUISE. — Si tu continues, Georgette, tu me feras beaucoup de peine... et tu seras bien avancée,

Mme LAFARGE. — Louise a raison. Pourquoi la taquines-tu?

GEORGETTE. — Si l'on ne peut plus plaisanter... Moi, j'hésite encore. Ah! à propos, la couturière m'a demandé comment serait la mariée. Figurez-vous que je n'ai pas su lui répondre. Comment sera la marié? En blanc, naturellement. N'est-ce pas, mademoiselle?

VERA. — Je n'y ai pas encore songé!

GEORGETTE. — Quinze jours avant la cérémonie! Vous ne serez jamais prête. La couturière a aussi demandé si vous aviez désigné une demoiselle d'honneur de votre côté et quelle toilette elle porterait. Voilà encore une chose que je ne savais pas.

CHARLES. — Il fallait demander à ton père.

GEORGETTE, à Vera. — N'avez-vous pas justement une amie intime, Mlle Tatiana, je crois, à qui vous feriez plaisir, en lui donnant un bon rang dans le cortège.

VERA. — Mon amie, mademoiselle est une singulière personne pour qui le meilleur rang est le dernier.

GEORGETTE. — Drôle de goût.

VERA. — De toute façon, d'ailleurs, je doute qu'elle soit de retour.

GUILLAUME. — Elle est toujours en voyage?

VERA. — Oui.

GUILLAUME. — C'est étonnant qu'elle ne vous ait pas écrit une seule fois depuis qu'elle est partie.

VERA. — Elle est restée souvent plus longtemps sans donner de ses nouvelles.

GEORGETTE. — Il est tout de même triste de penser que Mlle Tatiana ne pourra pas assister à votre mariage.

Mme LAFARGE. — Et que M. Grigoriew n'y sera pas non plus.

GUILLAUME. — Pourquoi ça?

CHARLES. — C'est vrai : tu ne sais pas la nouvelle que Mlle Levanoff nous a apportée tantôt. On a signifié à Grigoriew un arrêté d'expulsion. Il a vingt-quatre heures pour quitter Paris, la France. Il viendra nous dire adieu cet après-midi.

GUILLAUME. — Où compte-t-il se réfugier?

VERA. — En Suisse, probablement.

LA FEMME DE CHAMBRE, à Georgette. — Mademoiselle, on vient de chez Linzeler présenter les modèles que vous avez demandés.

GEORGETTE. — Dites qu'on les porte dans le petit salon... Tu permets, ma tante?

Mme LAFARGE. — Oui, oui.

GEORGETTE, à Vera. — Si j'osais, mademoiselle, je vous prierais de venir nous donner votre goût.

VERA. — Oh! mon goût.

GEORGETTE. — Il le faut. C'est pour le cadeau que nous voulons faire à Julien.

GUILLAUME. — Vous ne pouvez pas vous en désintéresser.

Vera, Georgette et Louise passent dans le second salon, où l'homme de chez Linzeler a été introduit.

CHARLES, à son frère qui se frotte les mains. — Pourquoi donnes-tu ces signes évidents de satisfaction?

GUILLAUME. — Parce que je suis content, en effet.

CHARLES. — Ça ne me dit pas pourquoi.

GUILLAUME. — Tu tiens à le savoir? (Baissant un peu la voix.) Je ne voudrais pas en quoi que ce soit désobliger Mlle Levanoff, mais la vérité, c'est que je suis enchanté de voir disparaître ainsi, naturellement, sans éclat, tout ce qui constituait à mes yeux un obstacle permanent au bonheur de Jul'en et à votre tranquillité. Même transformée par le mariage, par le milieu, la vie de famille, jamais Mlle Levanoff n'aurait eu le courage de vous défendre et de se défendre elle-même contre son cortège de loups affamés. Une heureuse circonstance vous en débarrasse.

Mme LAFARGE. — Une heureuse circonstance, le départ de M. Grigoriew? Vous êtes injuste, Guillaume, envers un homme qui avait pour vous, pour nous tous une sympathie sincère.

GUILLAUME. — Je serai ravi qu'il nous la conserve... à distance, voilà tout. Un jour ou l'autre, on se serait fâché.

CHARLES. — Pourquoi?

GUILLAUME. — Parce qu'il y a entre vous des différences essentielles et, si j'osais prononcer un mot scientifique, des différences ethniques. Je ne crois pas que les races aspirent au mélange et qu'il soit facile de l'opérer. On s'aborde, on ne se pénètre pas. Les races, malgré tout, restent distinctes et ne tiennent nullement à fusionner. Elles ont des caractères inaliénables.

CHARLES. — Inaliénables, peut-être; inconciliables, non.

Mme LAFARGE. — Ce n'est pas rassurant pour le bonheur de Julien et de Vera, ce que vous dites-là.

GUILLAUME. — Oh ! ils s'aiment, eux, et puis il y a des exceptions. Quoi qu'il en soit, j'estime que le gouvernement, en expulsant Grigoriew, vous a ôté une jolie épine du pied.

CHARLES. — Il est dans la nature des gouvernements de nous enlever du pied les épines que nous ne sentons pas et d'y laisser toutes celles qui nous blessent.

GUILLAUME. — Grigoriew n'eût pas mieux dit et, quand on parle du loup...

En effet, sur ces derniers mots, Joseph a introduit Grigoriew.

Scène III

M^m• LAFARGE, CHARLES, GUILLAUME, GRIGORIEW.

GRIGORIEW. — Bonjour à tous !

CHARLES, allant au-devant de lui avec empressement. — Ah ! cher ami, combien nous sommes désolés !

GUILLAUME. — Je vous l'avais prédit.

Mme LAFARGE. — Alors, c'est vraiment sérieux, votre expulsion ?

GRIGORIEW. — Très sérieux, chère dame... mais il ne faut pas prendre cette aventure au tragique. Elle est toute simple et j'en ai l'habitude. Je suis l'homme à qui l'on fait partout cette bonne plaisanterie de retirer la chaise sur laquelle il va s'asseoir. Ça pourrait être comique, si je n'étais pas prévenu ; mais, comme je le suis, je ne m'assois pas, je ne m'assois nulle part, et j'évite ainsi de m'étaler par terre, vous comprenez !

Mme LAFARGE. — J'admire votre bonne humeur... pourtant c'est une chose si triste qu'un départ !

GRIGORIEW. — Mais non, mais non.

Mme LAFARGE. — On sait ce que l'on quitte et l'on ne sait pas ce qu'on va trouver.

GRIGORIEW. — Justement ! On sait que l'on quitte l'indifférence, l'attachement aux vieux préjugés, la servitude acceptée et l'on espère toujours trouver ailleurs l'enthousiasme, la révolte et l'impatience de la liberté, comme les oiseaux de passage qui vont trouver le printemps. Partir, c'est donc vivre un peu plus. Les départs sont joyeux !

Mme LAFARGE. — Savez-vous que vous n'êtes guère aimable ?

GRIGORIEW. — Je ne parle pas pour vous, que je regretterai.

Mme LAFARGE. — Moins que nous ne vous regretterons nous-mêmes.

GRIGORIEW. — Oh !

CHARLES. — Mais oui, Grigoriew, ma femme est sincère. Votre absence va faire un grand vide ici. Clotilde la sentira d'autant plus que Julien et Vera, dans les premiers temps de leur mariage, la délaisseront un peu, nécessairement.

GRIGORIEW. — Oh ! nécessairement.

CHARLES. — Enfin ! c'est une façon de parler. Mais comme c'est drôle ! Clotilde avait autrefois pour son fils une affection si exclusive qu'elle semblait devoir prendre ombrage de la moindre concurrence...

Mme LAFARGE. — Oh ! tu exagères...

CHARLES. — Et, maintenant, elle serait plutôt jalouse

de Julien qui va lui ravir Mlle Levanoff...

GUILLAUME. — C'est vrai.

GRIGORIEW. — Il la lui rendra.

Mme LAFARGE. — Oui... tandis que votre expulsion à vous est définitive.

GRIGORIEW. — Mais non. Rien n'est définitif.

GUILLAUME. — En fait d'installation, surtout.

Mme LAFARGE. — Oui, car moi, ce que je redouterai le plus, ce sont les ennuis d'une installation nouvelle, Dieu sait où ?

GRIGORIEW. — Et encore !... Mais c'est charmant, au contraire. Les meilleurs moments de ma vie, c'est en wagon et en bateau que je les ai passés.

CHARLES. — Vous n'éprouvez pas le besoin de vous créer un intérieur ?

GRIGORIEW. — Il est déjà si difficile de se créer un dehors ! L'essentiel pour moi, voyez-vous, en fait de mobilier, c'est un banc, le vulgaire banc des promenades sur lequel on monte pour parler et sur lequel on s'étend pour dormir. Je suis un vagabond. J'ai de la famille sur toutes les routes.

GUILLAUME. — Et dans tous les squares.

GRIGORIEW. — Dans les squares aussi... j'adore les enfants.

Sur ces derniers mots Julien est entré.

Scène IV

LES MÊMES, JULIEN

JULIEN. — Bravo, Grigoriew, vous ferez sauter les miens sur vos genoux. Vous serez grand-papa, Grigoriew.

GRIGORIEW. — J'en doute, mon petit.

CHARLES, à Julien. — Tu ne sais pas, il s'en va, il est expulsé.

JULIEN. — Allons donc ! Mais c'est imbécile, odieux. Quel mal faisiez-vous ?

GRIGORIEW. — Enfant naïf, on ne me persécute pas parce que je fais le mal, mais parce que je voudrais empêcher de le faire.

JULIEN. — Et nous qui nous réjouissions, hier encore, Vera et moi, de votre retour. Nous comptions bien vous retenir et vous obliger à prendre un peu de repos.

GRIGORIEW. — Le coin du feu, les pincettes, les pantoufles et la robe de chambre. A quelle heure me couche-t-on ? C'est Vera qui le demande.

JULIEN. — Vera voudrait, comme moi, vous conserver auprès de nous.

GRIGORIEW. — Ça, vois-tu, n'est pas gai. J'avais

deux filles, l'une, Tatiana, est loin de mes yeux, et l'autre, qui est en train de mal tourner, s'éloigne de mon cœur.

JULIEN. — Si Vera vous entendait, Grigoriew, vous lui feriez beaucoup de peine, car nous nous aimons sincèrement, fidèlement et n'importe où vous vous réfugierez, nous irons vous voir, je vous le promets.

Scène V

LES MÊMES, JOSEPH, puis VERA

JOSEPH. — Il y a là une femme qui insiste pour parler à Mlle Levanoff, tout de suite.

JULIEN. — Vera.

Il va la rejoindre dans le petit selon et lui répète ce qu'a dit Joseph.

VERA, descendant. — Une femme... Quelle femme?

JOSEH. — Une femme pas bien mise et qui a l'air d'arriver de loin.

VERA. — Tatiana?

JOSEPH. — Je crois bien que c'est un nom comme ça qu'elle a dit.

CHARLES. — Eh bien, mais faites-la entrer ici, nous allons nous retirer.

Mme LAFARGE. — Charles, allons dans ton cabinet. Vous viendrez nous retrouver quand vous aurez fini de causer.

Elle sort au bras de son mari. Guillaume les accompagne.

VERA, à Grigoriew qui se dispose à sortir. — Restez, Grigoriew. Tatiana sera heureuse de vous rencontrer.

JULIEN. — Vous ne m'en dites pas autant?

VERA. — Dame!

JULIEN. — C'est vrai... Les sentiments de Tatiana à mon égard n'ont pas dû changer. Que peut-elle avoir de si pressé à vous dire?

VERA. — Vous le saurez tout à l'heure.

Scène VI

VERA, TATIANA, GRIGORIEW

Au moment où Julien va sortir, Tatiana entre et se dirige d'abord vers lui, la main tendue, le visage ouvert.

TATIANA. — Bonjour, monsieur; vous allez bien?

JULIEN, un peu surpris. — Oui... merci... mademoiselle... et vous-même?

TATIANA. — Je ne me suis jamais mieux portée.

JULIEN. — Ah! tant mieux! tant mieux!

Il sort.

TATIANA. — Eh bien, vous deux, c'est comme ça que vous me recevez ?

Elle serre la main à Grigoriew, regarde un moment Vera et l'embrasse avec effusion.

VERA. — Quelle surprise !

TATIANA. — Je viens de notre hôtel, où tu n'étais pas naturellement... Alors, je suis venue ici ; j'étais sûre de t'y retrouver.

VERA. — Pourquoi ne m'as-tu pas avertie de ton retour ?

TATIANA. — A quoi bon ? Je savais que je n'arriverais pas trop tard.

VERA. — Que veux-tu dire ?

TATIANA. — Regarde-moi, Vera, regardez-moi tous les deux. Est-il possible que vous ne deviniez pas. Verotscka, tu ne te rappelles donc pas notre dernière conversation.

VERA. — Boglowsky est vivant !

TATIANA. — Oui.

VERA. — Ah ! Tania, dis vite, dis tout ce que tu sais.

GRIGORIEW. — Où est-il ? Parle.

TATIANA. — Attendez, attendez. Il a d'abord travaillé dans les mines de Kara.

GRIGORIEW. — Je connais.

TATIANA. — Il est à présent à Srédné-Kolymsk, dans les déserts glacés du gouvernement d'Iakoutsk, au fond de la Sibérie.

VERA. — Tu en es sûre ?

TATIANA. — Oui.

VERA. — Mais comment as-tu appris ?

TATIANA. — C'est toute une histoire que je vous raconterai plus tard, à loisir. J'ai suivi Zakharine ; je ne m'étais pas trompée, c'était un traître. Mais il ne pourra plus nuire à personne. On l'a trouvé mort dans un wagon de chemin de fer.

VERA. — Il s'est suicidé.

TATIANA. — Probablement. Les traîtres et les mouchards, dégoûtés d'eux-mêmes, se tuent quelquefois. C'est même les réhabiliter, en quelque sorte, que de leur reconnaître encore ce courage-là.

GRIGORIEW. — Zakharine, un mouchard ! En as-tu les preuves ?

TATIANA. — Oui, le vivant n'a rien dit, mais le mort a parlé. On n'a eu qu'à fouiller le cadavre de Zakharine pour établir son infamie en même temps que son identité.

VERA. — Tu étais donc là ?

TATIANA. — Oui, je me trouvais, par hasard, dans le même train que lui. Imaginez-vous qu'il mangeait à trois... comment dites-vous... fausses dents?

Grigoriew. — Râteliers.

Tatiana. — Qu'il mangeait à trois râteliers : le nôtre d'abord, puis à celui de la police internationale. Enfin! et c'est là le plus fort, il était également payé par ton père, Piotr Levanoff.

Vera. — Par mon père? Quel intérêt avait-il à accréditer un mensonge?

Tatiana. — Il pensait bien, sachant ton mari vivant, que tu voudrais le rejoindre, et, comme ton père a l'ambition de rentrer en grâce, la perspective de ton retour lui donnait de l'inquiétude. Il espérait qu'un nouveau mariage te retiendrait en France, et il a manœuvré pour te le faciliter.

Vera. — Et alors il se serait servi de Zakharine.

Tatiana. — Une lettre que j'ai entre les mains t'édifiera comme elle m'a édifiée. Elle contient, relativement à Boglowsky, les indications que je vous ai communiquées... et d'autres avec.

Vera. — D'autres... quelles autres... explique-toi!

Tatiana. — Eh bien, c'est par mesure de clémence, de clémence! que ton mari a été transféré des mines de Kara à Srédné-Kolymsk. Il était épuisé, phtisique. On lui a accordé un sursis.

Un silence.

Grigoriew. — Srédné-Kolymsk, c'est à deux mille lieues de Saint-Pétersbourg, les courriers n'y arrivent qu'une fois par an. Là, tout est morne et glacé... C'est l'hiver sans fin... les brouillards, l'obscurité, le silence... entre le steppe immense et la forêt impénétrable.

Tatiana. — Oui, c'est là que dans sa yourta enveloppée de neiges jusqu'au faîte, le prince Boglowsky, muré comme dans un tombeau, tousse et languit solitaire, sans amis, sans espoir de délivrance, ni même de secours... Des secours, d'où lui viendraient-ils?

Grigoriew. — Tais-toi, petite; quand j'étais comme Boglowsky, je n'ai jamais désespéré... et ceux qui sont venus, je les attendais.

Tatiana. — Vous étiez bien portant... tandis que lui...

Grigoriew. — Srédné-Kolymsk. Il faudra du temps, des précautions et beaucoup d'argent pour parvenir jusque-là, s'y créer des intelligences.

Tatiana. — Oh! de l'argent! Vous connaissez le proverbe. (En russe.)

Grigoriew. — Oui : « Ne possède pas cent roubles, possède cent amis. » Le proverbe a raison, à condition que les amis ne soient pas, comme nous, réduits à l'impuissance?

Tatiana. — A l'impuissance?

Grigoriew. — Evidemment; tu sais bien à quoi nous nous exposons en rentrant en Russie. En supposant même que nous puissions traverser la frontière, toi et moi, nous serions arrêtés tôt ou tard.

Vera. — Mais je peux y rentrer sans danger, moi.

Grigoriew. — Non, vous n'êtes pas libre davantage... pour d'autres raisons, mais ça revient au même.

Tatiana. — Comment faire?

Vera. — Grigoriew, ce soir, nous quitterons Paris ensemble.

Grigoriew. — A quoi cela vous avancera-t-il?

Vera. — A quitter Paris d'abord, à m'échapper de ce milieu où je ne suis pas libre, à être avec vous. Et puis, je demanderai l'autorisation de rejoindre mon mari?

Grigoriew. — Etes-vous sûre de l'obtenir, cette autorisation?

Vera. — D'autres que moi l'ont obtenue.

Tatiana. — La princesse!

Grigoriew. — Et si vous arriviez trop tard.

Vera. — Il n'aura pas dépendu de moi d'arriver plus tôt.

Tatiana, embrassant la main de Vera. — Ah! Verotchka, je savais bien que tu ne l'abandonnerais pas. Enfin, tu nous reviens. Me pardonnes-tu maintenant de t'avoir parlé l'autre jour comme je l'ai fait.

Vera. — Tatiana, c'est moi qui te demande pardon.

Tatiana. — Oh!

Elle se détourne très émue.

Grigoriew, tendant la main à Vera. — C'est bien... vous êtes vraiment ma fille... mais Julien?

Vera. — Je lui parlerai. (Elle va s'asseoir à la table et écrit. Pendant qu'elle écrit elle dit à Tatiana.) Toi, Tanioucha, tu vas retourner immédiatement à l'hôtel... tu payeras ma chambre, tout ce que je dois. J'écris un mot pour le logeur, afin qu'il te laisse enlever ce qui m'appartient. Tu en rempliras une malle que tu feras porter à la gare de Lyon où je t'attendrai ce soir à neuf heures. Nous prendrons le train à neuf heures vingt-cinq pour Genève, avec Grigoriew. (Elle remet la lettre à Tatiana.) Tiens, voilà, à ce soir.

Tatiana. — A ce soir.

Vera. — Grigoriew, rendez-moi un service. Priez Julien de venir me parler... Pendant que je lui parlerai, dites à ses parents ce que vous avez appris... préparez-les, sa mère surtout, à mon départ.

Grigoriew. — C'est une jolie commission que vous me donnez là. Et Julien, ce pauvre petit... il ne s'attend pas.

Vera. — Il le faut, n'est-ce pas?

GRIGORIEW. — Vous le jugez ainsi?

VERA. — Oui.

GRIGORIEW.— Alors, c'est bien.

Scène VII

JULIEN, VERA

JULIEN. — Grigoriew me dit que vous voulez me parler, Vera.

VERA. — Oui, Julien.

JULIEN. — Tatiana ne vous a pas appris de mauvaises nouvelles?

VERA. — Vous vous rappelez qu'il y a six semaines, un homme que nous croyons être des nôtres, Zakharine, est venu nous trouver et nous a confirmé la mort du prince Boglowsky.

JULIEN. — Oui.

VERA. — Tatiana avait la certitude que cet homme mentait. Alors, je l'ai traitée de folle et d'exaltée. C'est elle qui avait raison. Elle est partie pour suivre ce Zakharine et elle vient de nous annoncer que Boglowsky est vivant.

JULIEN. — Ah!

VERA. — Vivant! C'est plutôt mourant qu'il faudrait dire : on l'a relégué, par mesure de clémence, à Srédné-Kolymsk, une localité du gouvernement d'Iakoutsk, au fond de la Sibérie.

JULIEN. — Pauvre homme. Mieux vaudrait peut-être qu'il fût mort.

VERA. — Peut-être.

JULIEN. — Et vous voilà toute bouleversée.

VERA. — Julien, notre mariage est impossible.

JULIEN. — Impossible... pourquoi? Nous irons nous marier en Angleterre. Je suis prêt à faire tout ce que vous voudrez... même à me passer de la sanction de la loi. J'amènerai mes parents à cette idée-là. Ils ont déjà renoncé, pour notre mariage, à la cérémonie religieuse, ils renonceront aux formalités civiles. Il le faudra bien, d'ailleurs. Au besoin, je me priverai de leur consentement. Rien ne nous empêchera d'être l'un à l'autre. Que tout cela ne vous inquiète pas.

VERA. — Vous ne me comprenez pas, Julien. Je ne peux pas, légalement ou librement, devenir votre femme, parce que cette révélation me crée un devoir. Je ne peux pas, je ne veux pas laisser ainsi cet homme là-bas, seul, abandonné, malade, Grigoriew et Tatiana proscrits, ne peuvent se rendre auprès de lui ; c'est donc moi qui irai le rejoindre.

JULIEN. — Vous n'y pensez pas ! Voyons, ma chère Vera, il faut examiner les choses de sang-froid. D'abord, Boglowsky est-il réellement vivant ? Vous acceptez sans contrôle une nouvelle aussi grave ! De qui Tatiana la tient-elle ? Elle est suspecte, Tatiana.

VERA. — Tatiana suspecte !

JULIEN. — Elle est de bonne foi, mais aussi toute prête à accueillir aveuglément ce qu'elle croit être un obstacle à notre union qu'elle n'a cessé de combattre.

VERA. — Son hostilité n'irait pas jusque là. Non, non, ce qu'elle m'a appris, elle le sait de source certaine. Comme je vous le disais, elle a suivi Zakharine et c'est sur son cadavre même qu'elle a trouvé les preuves.

JULIEN. — Les preuves ! Mais y en a-t-il jamais eu de ce qui se passe dans votre mystérieux pays, dans votre monde souterrain. Et qui sait si ce n'est pas un piège que l'on vous tend pour vous faire revenir, et vous jeter en prison dès que vous aurez passé la frontière. Je ne vous laisserai pas partir.

VERA. — Il le faut cependant.

JULIEN. — Je comprends que, sur le coup, vous ayez été affolée jusqu'à prendre une décision aussi stupéfiante...

VERA. — Cette décision, je l'ai prise avec moi-même.

JULIEN. — Ça ne suffit pas, vous deviez me consulter, la chose en vaut la peine... Ah ! quand cette Tatiana est entrée tout à l'heure, rien qu'à la façon dont elle m'a dit bonjour et tendu la main, avec son sourire édenté, j'ai eu le pressentiment qu'un malheur me menaçait. C'est donc ça qu'elle était allée faire. Pourquoi ne me l'avez-vous pas dit.

VERA. — Je ne le savais pas.

JULIEN. — Ah ! quelles gens extraordinaires vous faites ! Voilà que c'est Zakharine qui est mort à présent et c'est l'autre qui ressuscite. Mais vous n'êtes pas libre de partir, Véra... je vous aime, vous êtes ma fiancée, et vous voudriez que je vous laisse... non, non, je ne sais même pas comment nous discutons une chose pareille.

VERA. — Je ne la discute pas. Vous dites bien, Julien je ne suis pas libre, non pas parce que je suis votre fiancée, mais parce que mon mari est vivant.

JULIEN. — Votre mari !

VERA. — Si vous aimez mieux, l'homme qui m'a choisie entre toutes pour l'assister dans sa propagande, qui m'a jugée digne d'être associée à sa tâche magnifique, envers qui je suis reconnaissante de cette prédilection.

Julien. — Vous pouvez bien lui être reconnaissante ; il vous a choisie entre toutes parce que, seule, vous lui apportiez la somme nécessaire à la réalisation de ses projets. Voilà comment il vous a choisie. Ne vous payez donc pas de mots, de mots qui ne font pas la monnaie de votre dot.

Vera. — Vous ne devez pas parler ainsi. Sachez que l'argent n'est rien pour des hommes comme lui, et ma dot ne prenait de valeur entre ses mains, que parce qu'elle lui permettait de venir au secours de Origoriew, son ami.

Julien. — Je vous demande pardon, j'ai tort... Le prince Boglowsky est digne de tous les respects, c'est entendu. Mais expliquez-moi, ma chère Vera, car, en vérité, je n'y comprends plus rien. Vous avez contracté, en Russie, un mariage fictif pour rendre à votre cause un service éclatant, sans obliger à rien de plus votre conscience ni votre personne. Ce mariage ne comptait pas à vos yeux, ni aux yeux de Origoriew, votre père d'adoption puisque, l'autre jour, rappelez-vous dans cette petite chambre d'hôtel, nous nous sommes pris la main devant lui et il nous a unis au nom de l'amour, de l'amour. Et voilà que ça ne compte pas non plus. Alors, qu'est-ce qui compte dans tout ça ? Comment voulez-vous que je m'y reconnaisse ?

Vera. — Origoriew me croyait libre et ne nous a-t-il pas dit : « Votre présence est partout où sont ceux qui souffrent. »

Julien. — Alors, il faudrait être sur toute la terre. Il a prononcé une belle phrase, Origoriew, voilà tout. Il n'y a pas besoin d'aller au fond de votre Sibérie pour trouver des douleurs à consoler. Votre pitié peut s'exercer ici même, et tout près de vous, car je suis malheureux, moi aussi. Je vous aime, je vous adore, j'ai établi toute ma vie sur cet amour. Ah ! cette fois, je vous le demande anxieusement, désespérément, Vera, m'aimez-vous ?

Vera. — Vous êtes malheureux, Julien, et je vous plains de tout mon cœur.

Julien. — Vous me plaignez, vous ne me répondez pas.

Veha — Comment vous répondre ? Comment vous expliquer ce qui se passe en moi. Depuis que j'ai revu Tatiana, je ne suis plus la même. J'ai senti en moi une transformation soudaine ou, plutôt, je me retrouve la jeune fille que j'étais, lorsque j'ai connu Boglowsky.

Julien. — Et c'est parce que vous vous retrouvez cette jeune fille qu'aujourd'hui, entre lui et moi, vous n'hésitez pas. Pour ne plus l'abandonner, c'est moi que vous abandonnez, sans vous inquiéter de ce que je deviendrai. Pour cet homme que vous avez vu à peine quelques heures, vous oubliez que, depuis un an, je suis auprès de vous, n'ayant de foi et d'espérance qu'en vous. Ma mère vous a accueillie comme une amie ; elle vous chérit comme sa fille. Je vous ai confié mes projets d'avenir et mes plus doux rêves. Ah! si vous partez, c'est que vous ne m'avez jamais aimé. Alors, il ne fallait pas venir dans ma vie.

VERA. — Julien, c'est vous qui êtes venu dans ma vie. Des circonstances indépendantes de ma volonté et de ma discrétion ont fait que nous nous sommes connus, alors que je ne demandais qu'à demeurer ignorée. C'est vous qui m'avez parlé le premier, je n'ai pas été provocante, vous le savez bien... vous m'avez été sympathique, d'abord, comme un camarade d'études ; mais c'est surtout l'infirmité de votre mère et l'espoir de lui être secourable qui m'ont attirée dans votre famille. Je n'ai pas encouragé vos avances et, lorsque j'ai connu vos sentiments, je n'aurais pas accepté la place qui m'était faite dans cette maison, si je ne vous avais pas aimé et si j'avais pensé qu'un jour, je serais obligée de vous quitter. Oui, a sincérité de votre amour m'a touchée... je suis une femme, après tout... à vivre continuellement dans cette atmosphère d'affection, de ferveur et de tendresse, j'ai été attendrie, émue, troublée... Moi aussi, Julien, je vous ai sincèrement aimé.

Elle pleure.

JULIEN. — Tu m'as aimé, Vera, tu m'as aimé... et tu pleures. Ah! si tu dis la vérité, il est impossible que tu t'en ailles... tu serais infidèle à trop de souvenirs. Tu t'es engagée à moi, Grigoriew nous a unis. Hier soir encore, tu étais assise, là... j'étais à tes genoux, dans l'ombre... tu penchais la tête vers moi et tu me donnais ta bouche, toute ta bouche.

VERA. — Taisez-vous, Julien... taisez-vous. Ah ! rappelez-vous mes hésitations, mes reculs, mes silences dont vous vous alarmiez ! c'était le pressentiment de ce qui arrive aujourd'hui. J'aurais dû le comprendre et l'écouter.

JULIEN. — Il est trop tard, Vera, il est trop tard. L'existence même de cet homme ne peut être un obstacle à notre bonheur.

VERA. — Julien, j'entends ses plaintes à travers les vôtres. Il me presse, il me réclame.

JULIEN. — Etes-vous certaine seulement qu'il pense encore à vous ! Il vous sait jeune, séduisante... il a bien dû croire que vous seriez aimée, que vous deviendriez une femme. S'il est généreux, comme vous le dites, il a dû le souhaiter.

Vera. — Je ne sais pas, c'est possible... je sais seulement, si nos rôles étaient renversés, qu'il ferait pour moi ce que je veux faire pour lui.

Julien. —Mais il est mourant, condamné... vous arriverez pour recueillir son dernier soupir.

Vera. — Ma présence illuminera ses derniers instants.

Julien. — Et même si vous arrivez trop tard.

Vera. — Il n'aura pas dépendu de moi d'arriver plus tôt.

Julien. — C'est vous seule qui vous créez des obligations et des charges envers lui... vous vous exagérez votre devoir.

Vera. — Il y a des devoirs si grands qu'il n'est pas besoin de se les exagérer.

Julien. — Vous voilà reprise par la cause.

Vera. — Oui, c'est cela.

Julien. — Pourtant, il n'y a qu'une heure encore, vous n'ignoriez pas que des centaines de nihilistes dans les forteresses, dans les mines, en Sibérie, des hommes aussi misérables que Boglowsky éprouvaient les mêmes souffrances. Comme lui, ils avaient froid, ils avaient faim... Vous n'entendiez pas leurs cris et appels.

Vera. — Je les entends maintenant.

Julien. — Maintenant ! Allons donc ! Ce n'est pas à la cause, c'est à un homme, c'est à lui que vous vous dévouez.

Vera. — A lui aussi.

Julien. — A lui surtout. Eh bien, soit. Je veux m'associer à votre tâche consolatrice... Je partirai avec vous.

Vera. — C'est impossible... Je dois être seule, auprès de lui.

Julien. — Ah !... Avouez donc que vous l'aimez.

Vera. — Je ne savais pas que je l'aimais.

Julien. — Ah ! je comprends maintenant vos hésitations, vos reculs, vos silences, je comprends pourquoi vous étiez énigmatique.

Vera. — Ce ne sont pas ceux qui se taisent qui sont le plus énigmatiques. Que savons-nous des êtres que nous n'avons jamais quittés ? Que savons-nous de notre père et de notre mère ? Et sur ceux qui nous livrent, soi-disant, toutes leurs pensées, sommes-nous beaucoup plus renseignés ? Le silence renferme quelquefois moins de mystère que la parole. Tant de choses se cachent dans la lumière où nous ne songeons même pas à les chercher. Ce que nous laissons deviner de notre cœur est souvent ce qu'il y a de meilleur en lui.

Julien. — Moi, je vous livrais toute ma pensée et

vous étiez renseignée sur moi, tandis que je ne l'étais pas sur vous. Aussi bien, vous venez d'éclaircir un doute qui, depuis longtemps, me torture... Depuis que je sais que vous ne vous êtes pas séparés, sitôt après votre mariage, comme je l'avais cru d'abord, que vous ayez vécu trois semaines, côte à côte... un doute que j'écartais de toute ma confiance en vous et qui, aujourd'hui, se précise en une certitude abominable.

VERA. — Julien, vous vous égarez. Je ne devrais même pas vous comprendre... ni vous répondre. Je suis la femme du prince Boglowsky, sans lui avoir jamais appartenue. La première nuit de notre union simulée, nous l'avons passée sous le même toit, lui dans sa chambre, moi dans la mienne... et, quand nous nous sommes séparés, il ne m'avait même pas embrassée.

JULIEN. — On n'est pas nihiliste à ce point !

VERA. — Etes-vous donc sûr que la marque imprimée par la possession soit si profonde qu'il n'y en ait pas de plus indélébile ? Combien d'hommes croyant épouser une jeune fille n'épousent à la vérité qu'une veuve ? Un mari sait-il jamais à quel fiancé idéal sa femme s'est donnée d'intention, avant de se donner à lui de fait ?

JULIEN. — A la bonne heure, voilà qui est clair ! Et c'est à moi qu'incombait la tâche de vous faire oublier cet idéal fiancé. Merci bien. C'est moi que vous aviez choisi pour remplir ce rôle flatteur. Je vous en suis infiniment reconnaissant. J'étais un pis-aller. Votre mari ressuscite... j'ai fait l'intérim. Ah ! vous nous avez bien attrapés tous ici tant que nous sommes.

VERA. — Attrapés ?

JULIEN. — Parbleu ! Vous arrivez ici avec une histoire de brigands ou de nihilistes, c'est la même chose : vous excitez notre admiration.

VERA. — Dites plutôt votre curiosité.

JULIEN. — Peu importe... Vous êtes soi-disant mariée et vierge, veuve et sans tache ; vous êtes la veuve blanche, l'héroïne énigmatique. Allons donc ! hypocrite seulement. La vérité est que vous n'avez jamais cessé d'aimer cet homme et d'aimer en lui non pas un camarade, un frère, mais le moins fictif des maris, le plus réel des amants. Et quel amant ! Un terroriste, voyez donc. On s'aime mieux, n'est-ce pas ? Et davantage, dans la fièvre du danger et sous la menace perpétuelle des gendarmes. Les caresses qu'on se prodigue sont censément les dernières ; on les veut inoubliables et elles le sont, en effet. Où avais-je la tête, quand je vous offrais en échange de ces ivresses une vie monotone, familiale et l'écœurante sécurité du lendemain ? Votre famille d'élection est parmi ces fanatiques, ces vagabonds. Vous regrettez les émotions qu'il vous ont fait éprouver, vous en êtes avide et c'est pour retourner à ces voluptés-là que vous êtes prête à tout quitter.

VERA. — Je ne suis pas sensible à votre offense et j'aime mieux votre colère que vos larmes. Oui, je vais rejoindre ceux que vous traitez de vagabonds. Soit! J'ai vagabondé avec eux et je m'en enorgueillis. C'est envers eux que j'ai été coupable. Ah! Dieu, qu'allais-je faire! J'allais m'endormir dans l'égoïsme obligé de votre existence confortable. Mais, maintenant, je me reprends... Je me reprends... Je vais respirer. Ah! mes vagabonds, je les entends qui m'appellent, je vois leurs blessures à travers les trous de leurs guenilles et je les suivrai sur la route, à la trace de leur sang. Non, ce n'est pas à des voluptés que je retourne, mais à de la misère et à de la souffrance.. Et surtout, je vais consoler et secourir le meilleur et le plus noble d'entre eux.

JULIEN. — Et le plus aimé.

VERA. — Certes, le plus digne d'être aimé. En tout cas, vous venez de me révéler quelle différence il y a entre vous et lui, quel abîme entre vous et moi. Nous ne nous serions jamais compris. Pour cet homme qui supporte des épreuves que vous ne seriez jamais capable d'endurer...

JULIEN. — Vous n'en savez rien.

VERA. — Vous n'avez pas de pitié... Vous n'avez que des paroles de mépris et de haine.

JULIEN. — Vous voudriez peut-être que je l'aime... je le hais de toute mon âme.

VERA. — Votre âme?... ne profanez pas ce mot-là!... Vous haïssez le prince Boglowsky de toutes les forces brutales qui sont en vous. Eh bien, je vous le répète pour la dernière fois : croyez-le ou ne le croyez pas, ça m'est égal. Il n'a jamais été mon amant, mais le sentiment qui a existé entre nous est inoubliable, précisément parce qu'il est pur; bien supérieur à l'amour tel que vous le concevez, instinctif et conventionnel à la fois, bassement soupçonneux, aveuglément jaloux et férocement égoïste... Ah! oui, égoïste surtout... votre amour, en un mot, qui vous fait perdre la raison et vous jette contre moi, l'insulte à la bouche, dans le plus triste emportement.

JULIEN. — Eh bien, non, tu n'iras pas le retrouver... tu n'iras pas... tu es ma femme... tu es à moi... ou alors, nous irons ensemble. Je verrai bien si c'est un camarade que vous allez platoniquement consoler, je verrai bien s'il a été votre amant. Et alors, prenez garde!... je suis capable de tout... entendez-vous!

Il la prend par les poignets et la rudoie.

Au bruit de la discussion, Charles et Guillaume sont entrés,

Mme Lafarge les suit, seule avançant à tâtons.

Scène VIII

VERA, JULIEN, Mme LAFARGE, CHARLES, GUILLAUME

Charles et Guillaume se précipitent vers Julien et l'emmènent en essayant de le calmer.

JULIEN. — Oui, emmenez-moi, emmenez-moi... je suis trop malheureux... je souffre trop... je ne peux plus la voir.

VERA va au-devant de Mme Lafarge et la guide vers un fauteuil en lui disant. — Je vous demande pardon, madame... si j'avai pu prévoir en entrant chez vous, que j'y apporterais ce désordre, mais vous savez...

Mme LAFARGE. — Je sais... je sais qu'il n'est plus en notre pouvoir de vous retenir et j'en ai beaucoup, beaucoup de peine... C'est un grand chagrin pour moi, le premier que vous me causez. Vous partie, je vais retomber dans la nuit. Vous étiez de la famille... nous le croyions, du moins. Mon oreille était suspendue à votre voix... Vous connaissiez les remèdes à mon isolement. Grâce à vous, je commençais à voir clair, à voir clair en moi.

VERA. — C'est l'important : cette lueur-là ne s'éteindra jamais.

Mme LAFARGE. — En êtes-vous sûre? Asseyez-vous là encore un instant et laissez-moi vous regarder à la manière des aveugles (Elle lui passe doucement la main sur le visage en disant,) comme si ce n'était pas pour la dernière fois.

VERA. — C'est pour la dernière fois.

Mme LAFARGE. — Qui sait? Peut-être reviendrez-vous un jour, libre !

VERA. — Je ne crois pas.

Mme LAFARGE. — Cependant, si le prince mourait.

VERA. — Il n'est pas seul, là-bas.

Mme LAFARGE. — Des étrangers pour vous.

VERA. — Des compagnons de souffrance et d'exil. Ma place est pour toujours auprès d'eux. Quoi qu'il arrive maintenant, je n'aurai plus un cœur de joie.

Mme LAFARGE. — Julien non plus. Songez-y, Vera, vous étiez tout pour lui, il vous adorait... le pauvre enfant va être bien malheureux.

VERA. — Il m'oubliera : il a une famille qui se pressera autour de lui, pour le consoler. Et puis, sait-on jamais ! Tout à l'heure encore, en regardant votre nièce, cette petite Louise si tendre et si douce, cet oiseau de volière, je me demandais si Julien n'avait pas été chercher bien loin, trop loin, le bonheur qui était là, tout près et si ressemblant à son idéal de travail, d'apaisement et d'intimité, dans le cercle lumineux d'une lampe. Un oiseau de passage comme moi, on le suit des yeux un moment et l'on n'y pense bientôt plus.

Mme LAFARGE. — Ce n'est pas vrai pour l'oiseau de passage que l'infirme aperçoit du coin de la fenêtre où l'on a roulé son fauteuil; moi, je vous verrai toujours.

Scène IX

VERA, Mme LAFARGE, LOUISE

LOUISE. — Père m'envoie te chercher, ma tante.

VERA. — Nous parlions justement de vous, mademoiselle.

LOUISE. — De moi?

VERA. — Oui, je suis obligée de partir pour un long voyage. J'allais remettre cette bague à votre tante, en lui exprimant le désir que vous la portiez en souvenir de moi.

LOUISE. — Mais je ne sais... je ne sais si je dois accepter... N'est-ce pas là bague que Julien vous a donnée, votre bague de fiançailles?

Mme LAFARGE. — Accepte-la, Louise, c'est moi qui t'en prie.

LOUISE. — Vous pleurez, ma tante?

Mme LAFARGE. — Ne faut-il pas qu'elle emporte aussi un souvenir de moi?

Mme Lafarge et Vera s'embrassent silencieusement, puis Vera s'éloigne doucement en mettant un doigt sur ses lèvres, gagne la porte et sort.

CHARLES, entrant. — Clotilde, viens auprès de Julien... le pauvre garçon est dans un état...

Mme LAFARGE, cependant, cherche Vera à la place qu'elle occupait et, rencontrant la main de Louise, la saisit, la reconnaît et la serre. — Ah! c'est toi, maintenant, Louise.

RIDEAU

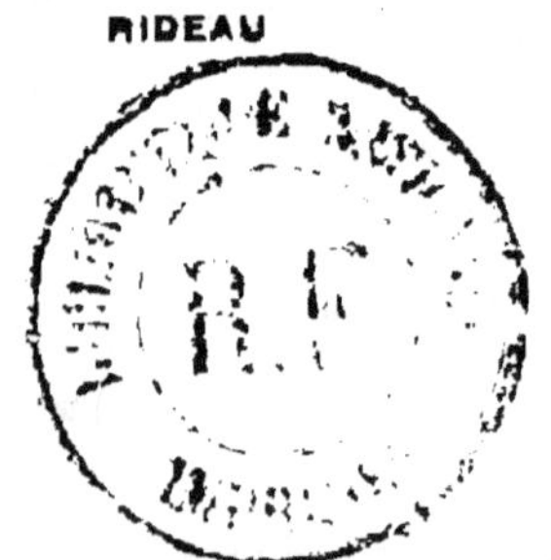